이미지로 읽는 근대 서울 3

도심 속의 일본인들과 그들만의 일상

일러두기

- 《이미지로 읽는 근대 서울》 시리즈는 동아대학교 역사인문이미지연구소에서 소장하고 있는 사진그림엽서·팸플릿·소책자 등 약 6만여 점의 이미지 자료 중 서울과 관련된 것들을 수집·정리한 것이다.
- 제3권의 제1~4장은 본정, 황금정, 명치정, 장곡천정, 제5장은 정동 일대이다.
- 각 장과 절에는 주제별 개설 원고를 실었다. 그리고 각각의 사진그림엽서에는 해당 캡션과 세부 설명을 수록하였다.
- 사진그림엽서의 캡션은 원어를 참고하여 오늘날의 시각에서 정리하는 것을 원칙으로 하였다.
- 각 절 내 사진그림엽서의 번호는 사진그림엽서가 담겼던 봉투 제목과 봉투 내의 엽서 제목을 한글 순서로 배열하였다. 봉투가 없는 낱장 사진그림엽서의 경우에는 그다음 순서로 배열하였다.
- 사진그림엽서가 담겼던 봉투 및 사진그림엽서 관련 정보는 도판목록으로 일괄 정리하였다.
- 본문에 수록된 사진그림엽서의 사이즈는 실물 크기이다.

이미지로 읽는 근대 서울 3

도심 속의 일본인들과 그들만의 일상

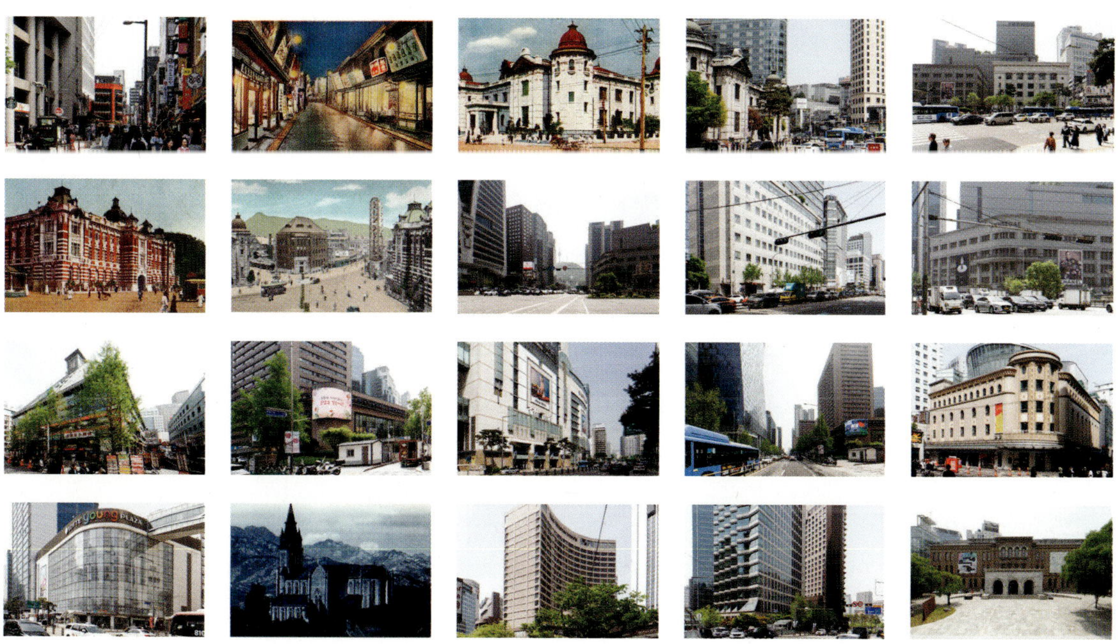

서울역사편찬원

발간사

서울역사편찬원은 1949년 서울시사편찬위원회로 시작하여 지금까지 서울의 역사와 문화를 연구하였고 각종 편찬사업을 진행하였습니다. 이번에 발간하는 도서는《이미지로 읽는 근대 서울》시리즈입니다. 본 시리즈는 근대 시기에 제작된 사진그림엽서들 중 서울 관련 자료들을 정리해 해제와 함께 수록하였습니다.

이곳에 실린 이미지 자료들은 당시의 서울 모습과 생활상을 담고 있습니다. 오늘날처럼 손쉽게 사진이나 영상을 찍거나 편집할 수 있는 시대가 아니었기 때문에 사진그림엽서에 담긴 이미지들은 당대의 모습을 알 수 있는 귀중한 자료입니다.

물론 그러한 이미지에는 생산자와 사용자의 시각과 의도가 투영되어 있었습니다. 근대 서구 열강이 아프리카나 아시아 지역을 식민지로 삼으면서 그곳의 풍경과 사람들의 모습을 담을 때에도 그러했습니다. 일제의 침탈이 이뤄지던 시기 조선을 바라본 일본인들의 시각 역시 그러했습니다. 따라서 이 시기 만들어진 이미지 자료들을 온전히 보기 위해서는 그 이면에 내재된 인식과 의도 역시 읽어내야만 합니다.

서울역사편찬원에서는 이러한 역사문제를 인식하여 문헌자료만이 아닌 이미지 자료의 수집과 편찬에도 눈을 돌리게 되었습니다. 동아대학교 역사인문이미지연구소(소장 신동규)는 서울을 비롯한 여러 도시와 지방, 각종 건축물, 문화재, 사람들의 일상과 풍경 등을 자세히 보여주는 사진그림엽서를 비롯해 당시 일본인 관광객들을 위해 제작된 여행 관련 팸플릿과 소책자 등 약 6만여 점의 자료를 소장하고 있습니다. 그리하여 서울역사편찬원은 2019년 10월부터 2020년 10월까지 동아대학교 역사인문이미지연구소와 함께 서울 관련 사진그림엽서에 대한 조사와 정리 작업을 실시하였고, 2020년 10월 두 기관이 업무협약(MOU)를 체결하여 상호 학술 연구에 대한 협력 체계를 구축하였습니다. 그 결실로《이미지로 읽는 근대 서울》시리즈 편찬을 기획하게 되었습니다.

이 책은 단순히 근대 시기 사진그림엽서의 이미지를 소개하는 것에 그치는 것이 아니라, 이미지 속에 내포된 제작자와 사용자들의 생각과 의도를 읽어내는 것을 목적으로 하였습니다. 이번에 발간하는 제3권은 일제의 통치 및 재조일본인의 수요에 따라 서울이 변화하는 모습을 담은 사진그림엽서들입니다.

이른바 본정으로 불렸던 충무로에는 경성부 구청사를 비롯하여 경성우편국, 조선은행과 함께 미나카이 백화점, 미쓰코시 백화점 등 근대적 문화공간이 만들어졌습니다. 황금정이라 불렸던 을지로에는 동양척식주식회사와 경성주식현물취인소, 조선식산은행, 일본제18은행 등 대부분 경제와 관련된 건물들이 자리를 잡았습니다. 명치정으로 불렸던 명동에는 극장 명치좌와 조지아 백화점, 장곡천정이라 불렸던 소공동에는 조선호텔과 경성상업회의소가 만들어졌습니다. 끝으로 정동에는 일제의 통치를 선전했던 경성방송국, 사법행정을 담당한 경성재판소가 있었습니다. 이처럼 이번에 발간되는 제3권에서는 일제강점기 서울 도심에 정치, 경제, 사회, 문화와 관련된 근대적 건물들이 점차 늘어나는 것을 사진그림엽서를 통해 확인할 수 있습니다.

이 책을 통해 시민 여러분들이 사진그림엽서 속에 담긴 당시 일본인들의 시각과 의도를 오늘날의 시각에서 읽어낼 수 있는 계기가 되었으면 합니다. 나아가 수록된 사진그림엽서 이미지와 해제를 통해 오늘날에도 첨예하게 갈리는 한일 사이 역사 인식의 근본 원인을 읽어낼 수 있는 실마리가 되었으면 합니다.

끝으로 많은 사진그림엽서와 이미지 자료들을 수집·보관하고 있으면서 상호 협력을 위해 흔쾌히 자료를 제공해 주신 신동규 동아대학교 역사인문이미지연구소 소장님께 깊이 감사드립니다. 본 도서 시리즈를 통해 소장하고 있는 근대 이미지 자료들이 보다 많은 이들에게 알려지고, 그 속에 내포된 의도들을 학술적 연구 성과를 통해 드러낼 수 있는 계기가 되었으면 합니다. 또한 이 책이 나오기까지 수고를 아끼지 않으신 해제 집필자 선생님들과 서울역사편찬원 연구원들 그리고 관계자 여러분의 노고에도 감사드립니다.

2024. 9.

서울역사편찬원장 **이상배**

차 례

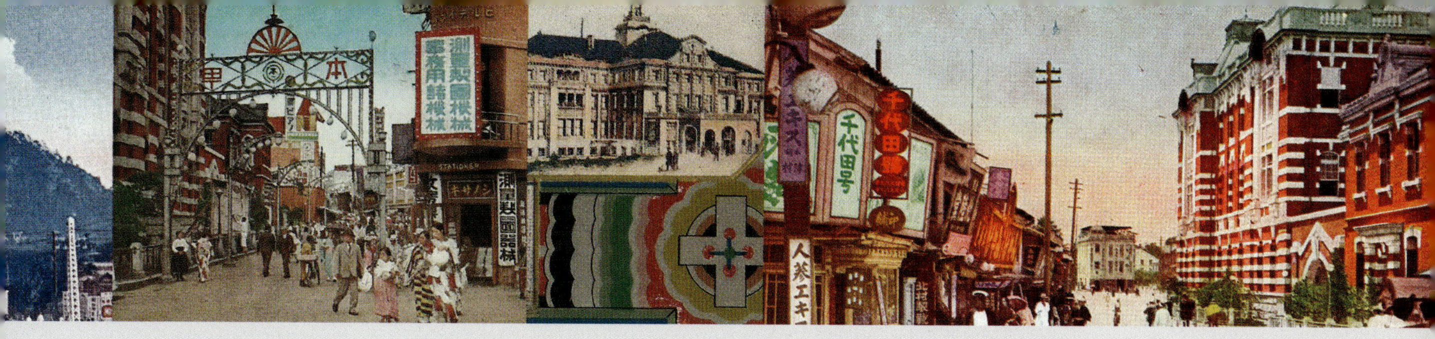

그림 13 **경성시가의 중앙(웅장한 양관(洋館)은 우편국, 조선은행, 철도호텔, 경성일보사)**

'(조선명소)경성시가의 중앙'이라는 제목의 흑백 사진그림엽서이다. 아래에는 '(웅장한 양관(洋館)은 우편국, 조선은행, 철도호텔, 경성일보사)'라는 설명문이 인쇄되어 있다. 1910년대 중반의 사진이다. 현 서울도서관 자리에 위치한 흰색 2층 건물이 경성일보사이다. 경성일보사는 1906년 9월에 이토 히로부미[伊藤博文]가 한성신보(漢城新報)와 대동신보(大同新報)를 합병하여 한국통감부의 기관지로 창간하였다. 당초는 국한문판과 일본어판을 병행하여 발행하였으나 1907년 4월부터 국한문판을 폐지하였다. 1910년 한일병합 이후에는 조선총독부의 기관지가 되었다. 경성일보사는 새로운 경성부청 건설(1926)로 자리를 내어주고 지금의 서울신문사 자리로 옮겼다.

현 소공로 길을 따라 오른쪽의 검은색 건물이 1914년 개관한 총독부 철도국 직영의 '조선경성철도호텔'이다. 이어서 중앙의 조선은행과 오른쪽에 경성우편국이 보이며 정면 조선은행 맞은편 2층 건물 위에 4개의 굴뚝이 보이는 건물은 지금의 서울도서관 자리로 이전하기 전의 경성부다. 이 건물은 1896~1906년까지 일본영사관, 1906~1910년까지는 경성이사청, 1910~1926년까지 경성부청으로 사용되었다.

그림 14 **경성 조선은행**
〈그림 12〉와 동일한 컬러 사진그림엽서이다.

그림 15 경성 조선은행

〈그림 12〉, 〈그림 14〉와 동일한 컬러 사진그림엽서이지만, 색감에서 차이가 있다.

그림 16　경성의 중앙인 조선은행 본점

〈그림 8〉과 같은 흑백 사진그림엽서이지만, 색도의 차이가 있다.

그림 17　경성의 중앙인 조선은행 본점

〈그림 16〉과 동일한 흑백 사진그림엽서이다.

그림 18　경성의 중앙인 조선은행 본점

'(경성)경성의 중앙인 조선은행 본점'이라는 제목의 흑백 사진그림엽서이다.

그림 19 동양척식주식회사 경성지점 / 조선은행 / 조선식산은행 / 경성주식현물취인소 / 경성우편국

왼쪽 위부터 시계방향으로 '조선은행', '조선식산은행(현 롯데 백화점)', '경성주식현물취인소(현 명동아르누보센텀)', '경성우편국'의 사진을 배치한 흑백 사진그림엽서이다. 가운데 타원형 사진은 동양척식주식회사 경성지점이다. 동양척식주식회사 경성지점은 러일전쟁 후 1908년 12월 18일에 일본이 한국에 설립한 국책회사로 농업 경영과 이민 사업 등 식민지 경영을 목적으로 설립되었다. 1917년 〈동양척식주식회사법〉 개정 이후 경성에 있던 본사를 동경으로 이전하고 이곳은 경성지점이 되었다. 이 건물은 6·25전쟁 이후 내무부 청사로도 사용되었고 이후 외환은행의 소유가 되었으나 철거되었고 현재는 KEB하나은행 을지로2가 본점 건물이 들어섰다. 동양척식주식회사 경성지점이 들어오기 전에 이 자리에는 병원인 제중원이 있었다.

그림 20 **조선은행 앞의 대광장 / 우편국과 미쓰코시**

〈그림 2〉, 〈그림 5〉, 〈그림 10〉과 동일한 흑백 사진그림엽서이다.

그림 21 **경성 조선은행**
〈그림 12〉, 〈그림 14〉, 〈그림 15〉와 동일한 컬러 사진그림엽서이다.

그림 22 경성 조선은행

'(조선명소)경성 조선은행'이라는 제목의 흑백 사진그림엽서로 건물 정면에서 찍은 사진이다.

그림 23 **경성 조선은행**

'(조선명소)경성 조선은행'이라는 제목의 흑백 사진그림엽서이다.

그림 24 경성 조선은행(복제불허)

〈그림 12〉, 〈그림 14〉, 〈그림 15〉, 〈그림 21〉과 동일한 컬러 사진그림엽서이다. 다만 앞의 사진들은 '(경성명소)'라 되어 있지만 이 사진은 '(조선명소)'라 되어 있다. 즉, 같은 사진을 여러 곳에서 전용하고 있음을 알 수 있다.

그림 25 경성 조선은행

〈그림 23〉과 동일한 흑백 사진그림엽서이다.

그림 26 경성 조선은행

'(조선명소)경성 조선은행'이라는 제목의 컬러 사진그림엽서이다.

그림 27 경성 조선은행에서 종로 방면을 바라봄

'(조선명소)경성 조선은행에서 종로 방면을 바라봄'이라는 제목의 흑백 사진그림엽서이다. 〈그림 28〉과 비교해 보면 알 수 있듯이 사진의 오른쪽 지금의 명동 쪽으로 많은 건물이 있으나 모두 지워져 있는 것으로 보아 편집된 사진으로 보인다.

오늘날 〈그림 27〉과 동일한 구도에서 바라본 모습

왼쪽의 건물은 1912년 완공된 구 조선은행 건물이다. 광복 이후 1950년 6월 12일 한국은행 본점이 되었다. 6·25전쟁 당시 내부가 대부분 파괴되었고, 1987년부터 1989년까지 원형복원 공사를 완료하였다. 2001년 한국은행 창립 50주년을 기념하는 화폐박물관으로 개관하여 현재에 이르고 있다.

그림 28　시가의 중앙광장(오른쪽 경성우편국, 왼쪽 조선은행)

'(경성)시가의 중앙광장(오른쪽 경성우편국, 왼쪽 조선은행)'이라는 제목의 흑백 사진그림엽서이다. 조선은행 앞 광장에는 한복을 입은 한국인들, 수레를 끄는 한국인 인부들과 교모를 쓴 소학생으로 보이는 일본인 아이가 어린이의 손을 잡고 길을 가는 모습 등이 인상적이다.

그림 29　시가의 중앙광장(오른쪽 경성우편국, 왼쪽 조선은행)

'(경성)시가의 중앙광장(오른쪽 경성우편국, 왼쪽 조선은행)'이라는 제목의 흑백 사진그림엽서이다. 〈그림 28〉과 동일한 사진그림엽서이다.

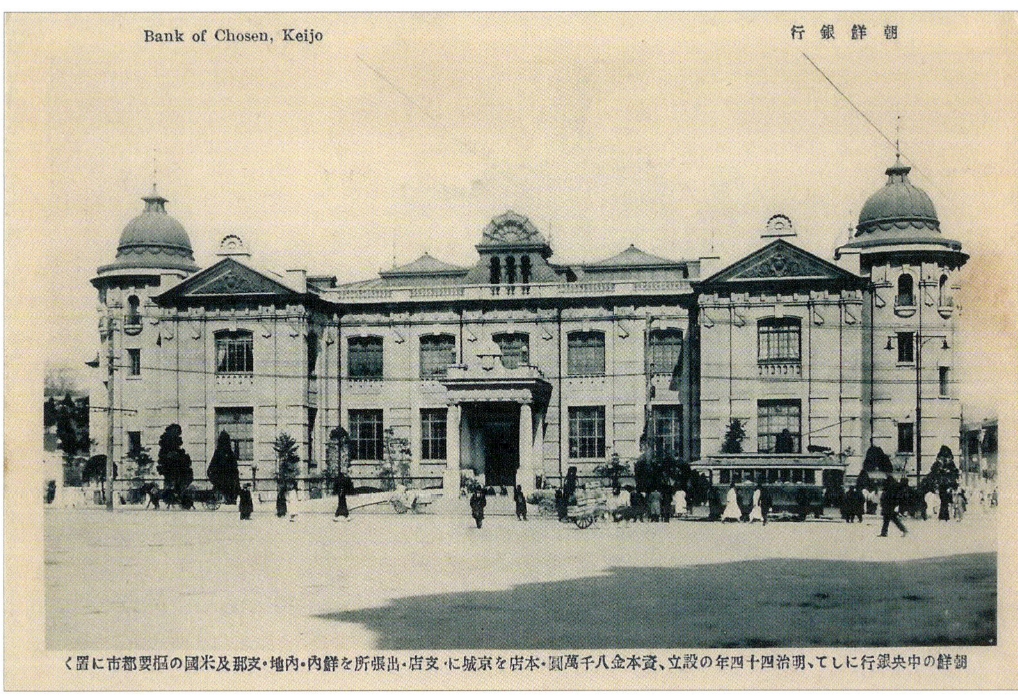

그림 30　조선은행

'조선은행'이라는 제목의 흑백 사진그림엽서로 조선은행을 정면에서 찍은 것이다. 아래에는 "조선의 중앙은행으로서 명치 44년(1911) 설립, 자본금 8,000만 원·본점을 경성에·지점·출장소를 선내·내지·지나 및 미국의 주요 도시에 둠"이라는 설명문이 인쇄되어 있다.

그림 31　조선은행의 위관

'(경성)조선은행의 위관'이라는 제목의 흑백 사진그림엽서로 조선은행의 오른쪽 측면에서 찍은 사진이다. 소달구지를 끌고 가는 조선인 인부와 자전거를 끌고 가는 일본인으로 보이는 사람, 양복을 입은 남성 등이 오가는 모습이다.

그림 32 조선은행의 위관

'(경성)조선은행의 위관'이라는 제목의 흑백 사진그림엽서이다. 〈그림 31〉과 동일한 사진그림엽서이다.

그림 33　조선은행 본점

'조선은행 본점'이라는 제목의 흑백 사진그림엽서로 앨범 형태로 장식한 사진이다.

그림 34　조선은행 앞의 대광장 / 우편국과 미쓰코시

〈그림 2〉, 〈그림 5〉, 〈그림 10〉, 〈그림 20〉과 동일한 흑백 사진그림엽서이다.

그림 35 조선은행 앞의 대광장 / 우편국과 미쓰코시

〈그림 2〉, 〈그림 5〉, 〈그림 10〉, 〈그림 20〉, 〈그림 34〉와 동일한 흑백 사진그림엽서이다.

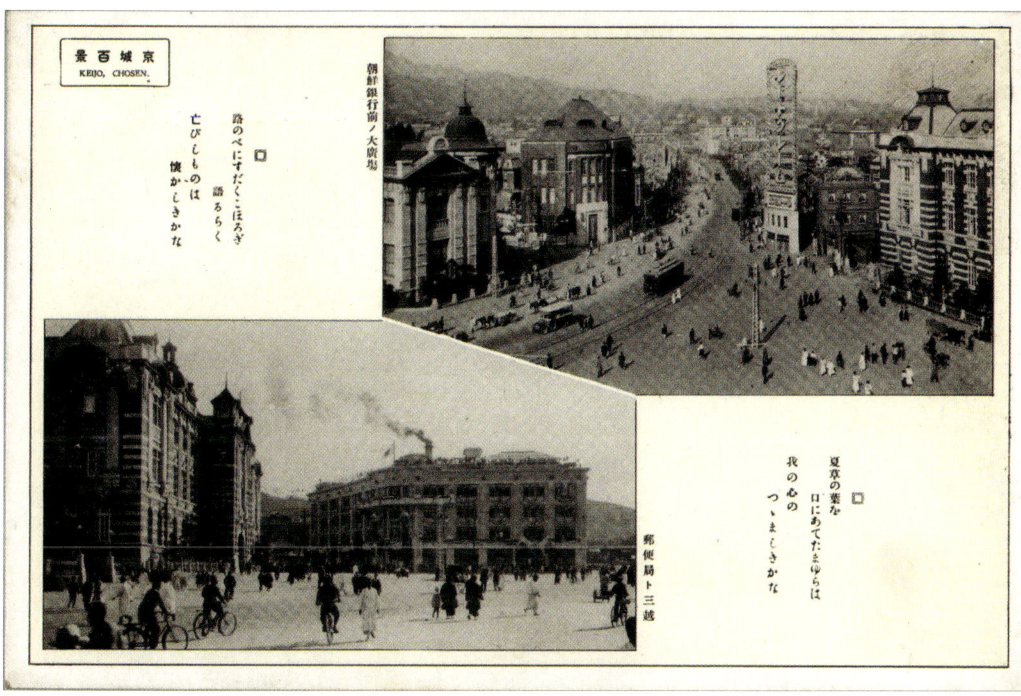

그림 36 조선은행 앞의 대광장 / 우편국과 미쓰코시

〈그림 2〉, 〈그림 5〉, 〈그림 10〉, 〈그림 20〉, 〈그림 34〉, 〈그림 35〉와 동일한 흑백 사진그림엽서이다.

그림 37　조선은행 앞의 대광장

〈그림 9〉, 〈그림 11〉과 동일한 흑백 사진그림엽서이다.

그림 38 조선은행 앞의 대광장

〈그림 9〉, 〈그림 11〉, 〈그림 37〉과 동일한 흑백 사진그림엽서이다.

경성부 구청사

京城府 舊廳舍

Kyungsung Municipal Government Building

경성부는 1910년 한일병합 이후 부제가 실시되면서 기존 경성이사청의 건물을 경성부청 건물로 사용하였다. 1926년에 이르러 경성부가 태평통의 경성일보사 자리(지금의 서울도서관)으로 이전하였고, 경성부 구청사 자리에는 미쓰코시 백화점이 자리잡게 되었다.

경성부 구청사 건물은 1896년 일본영사관으로 신축되어 1905년까지 사용되다가 통감부가 설치되고 나서 경성이사청으로 전용되었다. 1910년 한일병합이 이루어지고 10월에 부제府制가 시행되자 경성부는 경성이사청 건물에서 부청 업무를 시작했다. 그러나 늘어나는 업무로 1910년대에 이미 두 차례나 증축되었고 1916년, 1919년에도 재증축되었다. 따라서 부족한 공간으로 인해 신청사 건립계획이 여러 차례 논의 되었으나 건축비용 등의 문제로 번번이 좌초되었다.

결국 1923년 태평통의 경성일보사 자리와 주위 빈터로 신청사 이전신축이 최종 결정되었다. 이때 구청사 부지 매각대금으로 신청사 건물 예산을 충당하기로 하였고 부족한 자금은 경성부가 차입하는 형태로 결정되면서 이듬해 1924년 8월 신축에 착수했다.

구청사 부지는 여러 필지로 나누어져 4차에 걸쳐 매각되었는데, 1차 매각은 1926년 신청사가 완공되자 1929년 3월 9일에 '미쓰코시 오복점[三越吳服店]'에 매각되었다. 2차 매각은 1931년 2월 조선저축은행과 성사되었고, 3차 매각은 1932년 총독부 체신국에 매각되어 국유지가 되었다. 4차 매각은 1933년 1월 주식회사 경성덕력京城德力 지배인 니와 코우자부로[丹羽恒三郎]가 이곳에 극장을 세운다는 계획으로 거래가 성립되었다. 그러나 극장 신축을 포기하고 땅을 매각하려던 경성덕력의 계획은 여러 가지 반대로 여의치 않게 되었고 오랫동안 빈터로 남아 있었다.[1] 조선저축은행은 이곳에 1935년 6월경 본점(경성지점)을 건립하였다.

경성중앙전화국은 경성우편국 내의 전화과로 있다가 1923년 7월 1일 국局으로 분리 독립 후 조선총독부 체신국에 소속되었다. 1933년 경성전화 가입자 수의 증가로 1924년 6월 증

1 김명선, 〈1926년 경성부청 이전 후 옛 청사 터의 변화〉, 《건축역사연구》 28-2, 2019.

축해 있던 공간마저 부족해졌고, 이에 부지를 옮겨 청사를 신축하기 위해 1932년 9월 '미쓰코시[三越]' 뒤 부지를 매입하여 1935년 6월 준공되었다. 이번에 수록된 경성부 구청사의 사진그림엽서는 모두 4장이다.

그림 1 경성부청 앞 광장

'(조선명소)경성부청 앞 광장'이라는 제목의 흑백 사진그림엽서이다. 영문의 PREFECTUROL은 PREFECTURAL의 오자로 보인다. 사진의 왼쪽 건물은 구 경성부청이고 가운데 지붕 위에 첨탑이 있는 건물은 본정(本町)경찰서 건물이며, 오른쪽의 건물은 경성일본인거류민단사무소이다. 본정경찰서는 1915년 남부경찰서가 개편된 것인데 1924년에 영락정(榮樂町) 2정목으로 신축 이전한다(현재의 중부경찰서). 경성일본인거류민단사무소는 거류민총대(居留民總代) 사무소[役場]로 1907년에 완공되었다. 거류민단은 한일병합 이후인 1914년에 폐지되었다.

선은전광장(鮮銀前廣場)의 초기 모습으로 거리에는 장작더미로 보이는 물건을 가득 실은 소달구지를 모는 조선인 인부, 지게짐을 잔뜩 진 조선인, 손수레에 짐을 싣고 가는 사람, 빈 지게를 지고 서 있는 젊은 조선인 등이 찍혀 있다. 오른쪽에는 조선은행 담벼락 부근에 일본 중년여성과 어린아이 그리고 한복을 입은 조선인 등이 찍혀 있다.

오늘날 〈그림 1〉과 같은 구도에서 바라본 모습

1910년 설치된 경성부청은 1926년 현재의 서울도서관 자리로 이전하였고, 경성부청의 자리에 미쓰코시 백화점(현 신세계 백화점)이 만들어졌다.

그림 2　경성부청

'(조선명소)경성부청'이라는 제목의 흑백 사진그림엽서이다. 건물 입구 대문에 '경성부청(京城府廳)'이라는 현판이 걸려 있다.

그림 3 경성부청
〈그림 2〉와 동일한 흑백 사진그림엽서이다.

그림 4 경성부청 앞 광장
〈그림 1〉과 동일한 흑백 사진그림엽서이다.

경성우편국

京城郵便局

Keijo Post Office

경성우편국은 현재의 서울중앙우체국(포스트타워) 자리에 있었으며, 1913년에 착공하여 1915년 준공되었다. 광복 이후 서울중앙우체국으로 사용되었으나, 6·25전쟁으로 인해 상당 부분이 파괴되었다. 이를 보수 또는 개축하여 사용하다가 2007년 지금의 건물을 신축하였다

경성우편국은 현재의 서울중앙우체국 자리에 있었던 건물이다. 1884년 설립된 우정총국을 일본 제국이 접수한 후 흡수해서 만든 것이 경성우편국이다. 1906년 1월에 통감부統監府 산하에 두었던 체신행정 담당 기구인 통감부 통신관리국이 1910년 조선총독부의 설치로 통신국으로 개편되었다. 우편국·우체소·전신취급소 등을 두고 통신행정과 함께 항로표지·기상관측 및 전기사업의 감독에 관한 업무 등을 통신국에서 관장하도록 하였다. 1912년 4월 1일 통신국은 체신국으로 재편되었다. 또 경성우편국 외 전국 주요 도시에 8개소를 두었던 우편국을 대폭 줄여 경성·부산·평양·원산 등 네 곳에만 두었다.

경성우편국 청사는 1913년 10월에 착공하여 1915년 9월 15일에 준공되었다. 옥탑 1층, 지상 3층, 지하 1층의 연건평 1,320평 넓이로 지어진 이 건물은 구조 양식이 르네상스식으로 웅장하고 화려했으며 철근 콘크리트조의 외양外様은 붉은 벽돌과 화강암을 혼합하여 건축하였다. 비슷한 형태의 건물인 조선은행, 경성부청사, 조선총독부, 경성역과 같이 중앙에는 근대 서구식 돔을 얹었고 창틀은 아치 형식으로 꾸몄다. 1937년 경성-도쿄 간의 전화통화 시험식이 여기서 열린 바 있다. 광복 후 서울중앙우체국으로 바뀌었으나, 6·25전쟁으로 반파되어 철골구조만 남았었다. 1957년에 남아있던 철골을 베이스로 흰색으로 칠하고 다시 보수했다가 1981년 철거되어 2007년 유리 건축물 양식으로 서울중앙우체국을 다시 지었는데 이곳이 포스트타워라고 불리는 건물이다. 이번에 수록된 경성우편국의 사진그림엽서는 모두 42장이다.

그림 1 조선은행 앞의 대광장 / 우편국과 미쓰코시

'조선은행 앞의 대광장 / 우편국과 미쓰코시'라는 제목의 흑백 사진그림엽서이다. 오른쪽 위 사진에는 '조선은행 앞의 대광장'이라는 제목에 "길가에 우는 귀뚜라미 읊조리길 멸망한 것이 그리운 것인가"라는 의미의 하이쿠[俳句]가 인쇄되어 있다. 조선은행, 조선상업은행이 보이며 을지로 및 종로 방향으로 뻗어 있는 도로를 사이에 두고 오른쪽에 'レ ト·クレ ム(레토 그레무)'라 적힌 커다란 전광 광고판이 보인다. 1938년에 세워졌다. 광고판의 '레토'는 프랑스어의 'LAIT' 즉 '우유'를 의미하며 '크레무'는 영어의 'CREAM' 즉 '크림'을 의미하는 화장품의 브랜드명이다. '히라오 산페이[平尾贊平]상점'이 생산했던 화장품 광고를 위해 세워졌지만, 당시 선은전 광장의 밤을 장식하는 전광탑으로도 유명하였다고 한다. 바로 옆의 3층 건물은 '기린(麒麟)맥주' 경성점이다. 그리고 그 오른쪽에 경성우체국 건물이 자리하고 있다. 지상 전차와 승용차, 말이 끄는 수레 등이 열을 지어 지나가며 많은 사람들이 오고 가는 모습이다. 아래 왼쪽의 사진에는 '우편국과 미쓰코시'라는 제목에 "여름 풀잎을 입에 문 누에들은 내 마음의 수줍음일까"라는 의미의 하이쿠가 인쇄되어 있다. 사진의 왼쪽은 경성우편국 오른쪽은 4층 건물의 미쓰코시 백화점으로 건물에 다양한 장식들과 일장기 등이 걸린 것으로 보아 개업 직후로 보인다. 굴뚝에서 연기가 피어오르고 오고가는 사람들의 복장으로 보아 겨울에 찍은 사진으로 보인다.

그림 2　조선은행 및 중앙우편국 앞에서 종로 방향을 바라봄

'(경성명소)조선은행 및 중앙우편국 앞에서 종로 방향을 바라봄'이라는 제목의 흑백 사진그림엽서이다. 왼쪽에는 조선은행 일부가 보이며 길을 사이에 두고 조선상업은행, 그 옆의 하얀색 2층 건물은 1935년에 준공된 야스다[安田]은행 경성지점이다. 중간 상단에 어렴풋이 점 3개 아래 따옴표 형태의 깃발이 보이는데 이는 '조지야[丁字屋] 백화점'의 상표이고 네모 난 광고판에 '조지야'라는 글자가 보인다. 1939년 새로이 증축되기 전의 조지야 백화점(현재 롯데 영플라자)이다. 오른쪽에는 〈그림 2〉에서 언급한 'レートクレーム(레토 크레무)'광고탑과 그 옆에는 '기린맥주 경성점'이 보이고 경성우편국 건물 일부가 보인다. 아마 1935년 이전의 사진으로 미쓰코시 백화점 옥상에서 찍은 것으로 보인다.

그림 3 경성우편국

'(조선명소)경성우편국'이라는 제목의 흑백 사진그림엽서로 경성우편국 왼쪽 측면에서 찍은 사진이다.

그림 4 **경성우편국**

'(경성명소)경성우편국'이라는 제목의 흑백 사진그림엽서이다. 경성우편국 왼쪽 측면에서 찍은 사진인데 자전거를 타고 가는 사람들 한복을 입은 조선인 중년 남자들이 찍혀 있다.

그림 5 **경성우편국**

'(조선명소)경성우편국'이라는 제목의 흑백 사진그림엽서이다. 경성우편국 왼쪽 측면에서 찍은 사진이다. 〈그림 3〉과 동일한 사진그림엽서이다.

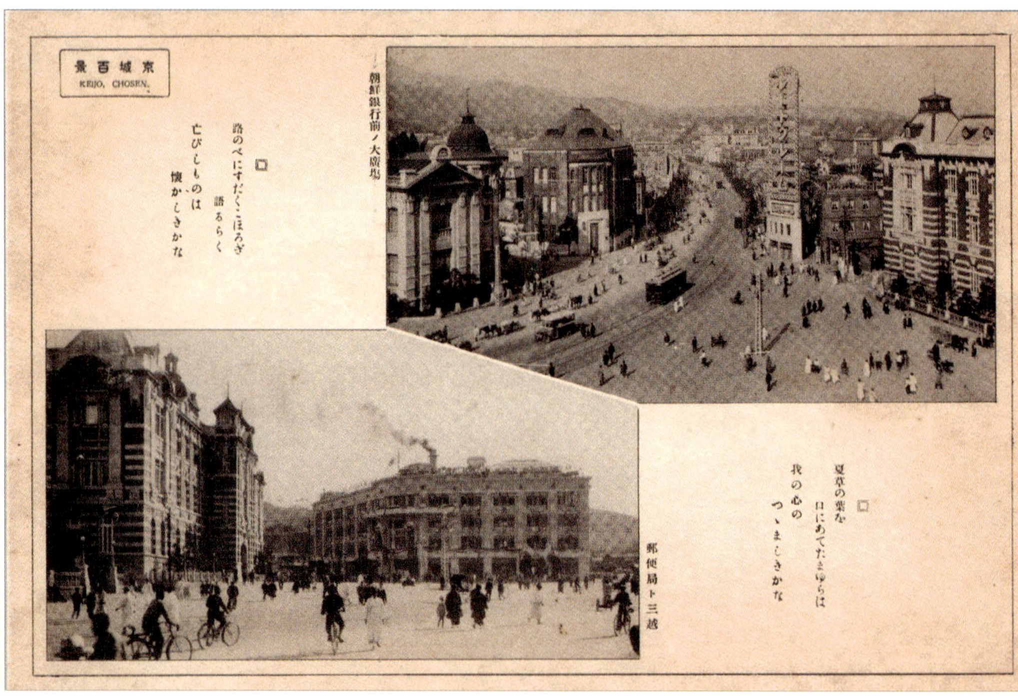

그림 6 조선은행 앞의 대광장 / 우편국과 미쓰코시

'조선은행 앞의 대광장 / 우편국과 미쓰코시'라는 제목의 흑백 사진그림엽서이다. 〈그림 1〉과 동일한 사진그림엽서이다.

그림 7 식산은행 / 조선은행 / 경성우편국

왼쪽 아래부터 시계방향으로 '식산은행', '조선은행', '경성우편국'의 사진을 배치한 흑백 사진그림엽서이다. 대한제국기인 1906년 3월에 〈농공은행조례(農工銀行條例)〉가 공포되어 한성농공은행(漢城農工銀行)을 위시한 각지에 농공은행이 설립되었다. 1917년에는 농공은행 6곳과 전국 41개 지점에 이르게 되었는데 1918년 6월12일 〈조선식산은행령〉이 발포되어 10월 1일에 이 모든 농공은행과 지점을 합병하는 형태로 '조선식산은행'이 설립되었다. 본점은 '경성 남대문통(현 롯데 백화점)'으로 전국에 50여 개의 지점을 두었다. 주된 업무는 부동산 담보대출, 어업권 담보대출, 농공업자에 대한 무담보 대출 등의 업무를 보았다. 참고로 1926년에는 나석주 의사가 동양척식주식회사에 이어 조선식산은행에 폭탄을 투척하는 의거를 감행하였고, 중일전쟁 이후로는 약 8년 동안의 전시 체제 속에서 채권 발행과 강제 저축을 통해 조선의 자금을 흡수하여 일본 정부와 전쟁 수행을 위한 군수산업 부문에 이를 공급하는 역할을 담당했다.

그림 8 **조선은행 앞의 대광장 / 우편국과 미쓰코시**

〈그림 1〉, 〈그림 6〉과 동일한 사진그림엽서이다.

그림 9　번화한 상점가 본정의 풍경

'(경성)번화한 상점가 본정의 풍경'이라는 제목의 흑백 사진그림엽서이다. 본정 입구의 사진으로 자주 소개되는 전형적인 형태로 왼쪽의 경성우편국 건물과 본정 입구를 알리는 장식기둥, 오른쪽의 '시노사키' 문구점이 자리하고 있다. 사진 가운데의 세로 간판에 '야마하피아노[山葉ピアノ]'라는 간판이 보인다. 야마하피아노는 1887년 야마하 토라쿠스(山葉寅楠 1851-1916)'에 의해 창립되었다. 초기에는 악기수리로 시작하여 1897년 '일본악기제조주식회사'로 발전시켜 오르간, 피아노 등의 악기를 제조하는 'ヤマハ·YAMAHA'라는 브랜드명으로 사업을 전개하였다. 사진 왼쪽에는 한복을 입은 젊은 여성과 두루마기에 중절모를 쓴 어르신들이 거니는 모습과 오른쪽에는 양복을 입은 신사와 키모노를 입은 일본 여성들이 묘하게 대비되는 광경이다.

그림 10 경성우편국

'(조선명소)경성우편국'이라는 제목의 컬러 사진그림엽서이다. 흑백에 채색한 것으로 노면전차, 수레를 끄는 사람, 한복을 입은 조선인들이 찍혀 있다.

그림 11 경성시가의 중앙(웅장한 양관(洋館)은 우편국, 조선은행, 철도호텔, 경성일보사)

'(조선명소)경성시가의 중앙(웅장한 양관(洋館)은 우편국, 조선은행, 철도호텔, 경성일보사)'라는 제목의 흑백 사진그림엽서이다. 아래에 '(웅장한 양관(洋館)은 우편국, 조선은행, 철도호텔, 경성일보사)'라는 설명문이 인쇄되어 있다. 1910년대 중반의 사진으로 멀리서부터 현 광화문로터리 그리고 현 서울도서관 자리에 위치한 흰색 2층 건물이 경성일보사이다.

경성일보사는 1906년 9월에 이토 히로부미[伊藤博文]가 한성신보(漢城新報)와 대동신보(大同新報)를 합병하여 한국통감부의 기관지로 창간하였다. 당초는 국한문판과 일본어판을 병행하여 발행하였으나 1907년 4월부터 국한문판을 폐지하였다. 1910년 한일병합 후는 조선총독부의 기관지가 되었다. 경성일보사는 새로운 경성부청 건설(1926)로 자리를 내어주고 지금의 서울신문사 자리로 옮겼다.

현 소공로 길을 따라 오른쪽의 검은색 건물이 1914년 개관한 총독부 철도국 직영의 '조선경성철도호텔'이다. 이어서 중앙의 조선은행과 오른쪽에 경성우편국이 보이며 정면 조선은행 맞은편 2층 건물 위에 4개의 굴뚝이 보이는 건물은 지금의 시청 자리로 이전하기 전의 경성부청건물이다. 이 건물은 1896~1906년까지 일본영사관, 1906년~1910년까지는 경성이사청, 1910~1926년까지 경성부청으로 사용되었다.

그림 12 경성 본정1정목(우편국 옆)

'(조선명소)경성 본정1정목(우편국 옆)'이라는 제목의 컬러 사진그림엽서이다. 충무로 방향에서· 조선은행 앞 광장인 '선은전광장(鮮銀前廣場)'을 향해 찍은 것이다. 멀리 가운데에 보이는 건물은 요즈음의 카페에 해당하는 다방과 서양요리, 에비스, 삿포로, 아사히맥주 등을 파는 동경에 본사를 둔 '청목당(青木堂)' 경성지점(남대문통3정목 10번지, 1914 신축 이전)이다. 아직 본정1정목 입구 아치형 간판이 보이지 않는 것으로 보아 1920년대 이전으로 보인다. 왼쪽 기둥에 '인삼액기스 본포 츠무라[人蔘エキス本舗津村]라는 간판이 보이는데 근처에 있던 도매상 '츠무라형제상회[津村兄弟商會]'의 것으로 보인다.

그림 13 경성우편국

〈그림 10〉과 동일한 컬러 사진그림엽서이다.

그림 14 경쟁하듯 서 있는 우편국

'경쟁하듯 서 있는 우편국'이라는 제목의 흑백 사진그림엽서이다. 앨범 형태의 장식을 한 것으로 "자동차와 말이 빚어낸 십자가두, 조선은행, 미쓰코시 백화점. 서로 세련됨을 경쟁하듯 서 있는데 모던한 모양새에 씩씩한 위세를 자랑하는 경성우편국."이라는 설명문이 붙어 있다.

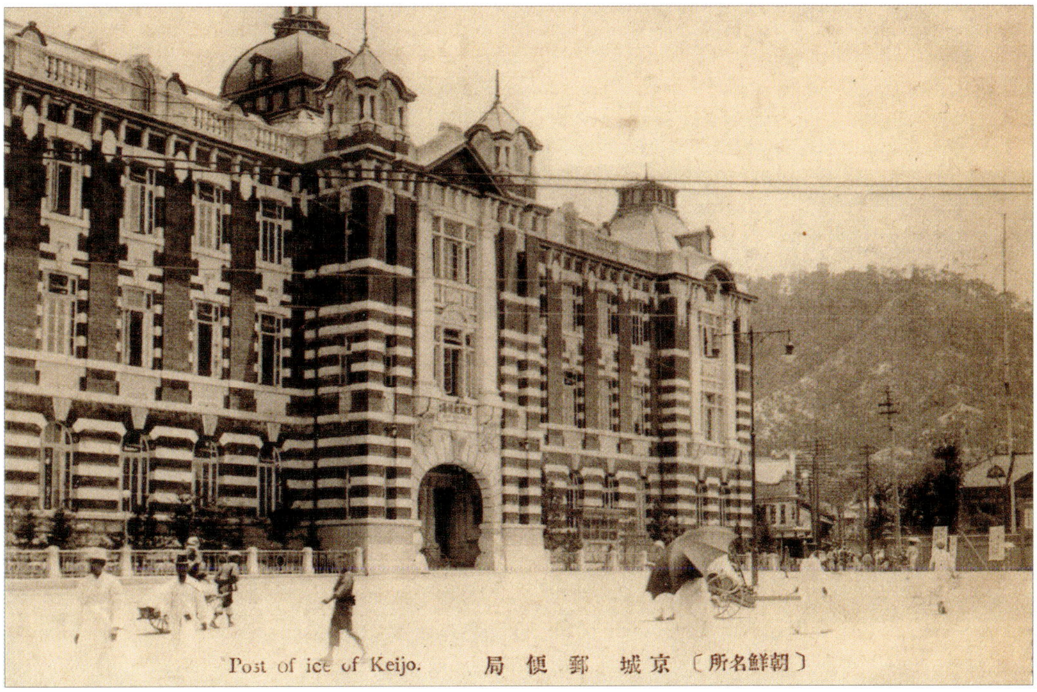

그림 15 경성우편국

'(조선명소)경성우편국'이라는 제목의 흑백 사진그림엽서이다. 경성우편국을 왼쪽 측면에서 찍은 사진으로 오른쪽에는 남산의 일부가 보이고 경성부청 구청사의 일부가 찍혀 있다.

그림 16　경성 남대문통3정목에서 우편국 방면을 바라봄(복제불허)

'(조선명소)경성 남대문통3정목에서 우편국 방면을 바라봄'이라는 제목의 컬러 사진그림엽서이다. 영문의 'ef'는 'of'의 오기이며, 'Nantai'도 'Nandai'의 오기이다. 왼쪽 하단에는 '(복제불허)'라 인쇄 되어 있다.

남대문통3정목은 현 남대문로3가이지만 사진을 자세히 보면 종로 방면에서 남산 방면을 향하여 찍은 사진이다. 즉 왼쪽으로 경성우편국이 보이며 오른쪽에 한국은행 뒷모습과 '조선상업은행(1923년. 현 한국은행 별관)' 뒷면이 보이는 것으로 보아 정확히는 남대문통2정목에서 우편국 방면을 바라보며 찍은 사진이다. 사진 정면 길 끝에 지붕 위에 첨탑이 있는 2층 건물은 3절에서 설명한 '본정(本町)경찰서' 건물이다. 아직 미쓰코시[三越] 백화점 건물이 들어서 있지 않고, 상업은행 뒤쪽(종로 방면)에 '야스다[安田)]은행(현 한국은행 주차장 부지)' 경성지점 건물이 서 있지 않은 것으로 보아 1925년에서 1930년 사이에 찍힌 사진으로 보인다.

그림 17　동양척식주식회사 경성지점 / 조선은행 / 조선식산은행 / 경성주식현물취인소 / 경성우편국

왼쪽 상단으로부터 시계방향으로 '조선은행', '조선식산은행(현 롯데 백화점)', '경성주식현물취인소(현 명동 아르누보센텀)', '경성우편국'의 사진을 배치한 흑백 사진그림엽서이다. 가운데 타원형 사진은 '동양척식주식회사' 경성지점이다. 동양척식주식회사는 러일전쟁 후 1908년 12월 18일에 일본이 한국에 설립한 국책회사로 농업 경영과 이민 사업 등 식민지 경영을 목적으로 설립되었다. 1917년 〈동양척식주식회사법〉 개정 이후 경성에 있던 본사를 동경으로 이전하고 이곳은 경성지점이 되었다. 이 건물은 6·25전쟁 이후 내무부 청사로도 사용되었고 이후 외환은행의 소유가 되었으나 철거되었고 현재는 KEB하나은행 을지로2가 본점 건물이 들어섰다. 동양척식주식회사 경성지점이 들어오기 전에 이 자리는 병원인 제중원이 있었다.

그림 18　조선은행 앞의 대광장 / 우편국과 미쓰코시
〈그림 1〉, 〈그림 6〉, 〈그림 8〉과 동일한 흑백 사진그림엽서이다.

그림 19 경성 본정1정목(우편국 옆)

〈그림 12〉와 동일한 컬러 사진그림엽서이다. 흑백에 채색을 한 사진으로 충무로 방향에서 조선은행 앞 광장인 선은전광장(鮮銀前廣場)을 향해 찍은 것이다.

그림 20 경성우편국

'경성우편국'이라는 제목의 컬러 사진그림엽서이다. 하단에는 "경성우편국은 남대문통 광장에 있는데 조선은행과 서로 마주 바라보며 서 있는 붉은 벽돌로 지은 3층이다."라는 설명문이 인쇄되어 있다. 흑백에 컬러로 채색한 사진인데 오른쪽 귀퉁이에 '본정1정목'이라는 안내 장식 기둥이 보이지 않는 것으로 보아 1910년대 말에서 1920년대 초기의 사진으로 보인다.

그림 21 조선총독부시정5주년기념 경성우편국

'조선총독부시정5주년기념 경성우편국'이라는 제목의 컬러 사진그림엽서이다. 채화(彩畫)엽서로 상단에는 '대일본제국우편'이라 인쇄된 '1전5리' 우표가 붙어 있고 '조선총독부시정5주년기념 4.10.1 경성'이라는 스탬프가 찍혀 있다. '4.10.1'은 대정(大正) 4년 10월 1일로 1915년 10월 1일이다. 조선총독부가 출범하여 식민지 조선에 대한 통치를 처음 펼친 날이 바로 10월 1일이었으므로 이를 기념하려는 목적으로 다양한 선전매체들을 활용하였는데, 특히 엽서는 통신우편수단으로 각광을 받았을 뿐만 아니라 가장 싼값의 관광기념물로 일본인들에게는 대단히 친숙한 매체이기도 하였다.

조선총독부는 1910년 이래 매년 10월 1일 이른바 시정기념엽서(始政記念葉書)를 발행했다. 시정5주년에는 기념사업으로 조선물산공진회를 개최하는 등 식민지 지배의 정당성과 미개한 조선을 문명개화로 이끌었다는 치적을 대대적으로 홍보하였다.

1920년부터는 5주년 단위로 발행하였는데 화려한 색채와 다양한 디자인이 어우러진 엽서들은 조선의 문화유산이나 자연풍광을 비롯해 조선 각 지방의 산업 발달 또는 중요한 역사적 사건 등을 디자인 소재로 삼았다. 매년 발행된 기념엽서는 일제에 의해 비약적으로 발달한 조선의 모습이나 조선의 미개한 과거 모습과 일제에 의해 '근대화', '문명화'된 모습의 사진을 나란히 배열하여 한눈에 비교하기 쉽게 디자인하는 등 일제의 가장 일반적이고 대대적인 선전매체로서의 기능을 담당해 왔다.

그림 22 경성우편국

〈그림 4〉와 동일한 흑백 사진그림엽서이다. 경성우편국 왼쪽 측면에서 찍은 사진인데 자전거를 타고 가는 사람들 한복을 입은 조선인 중년 남자들이 찍혀 있다.

그림 23 **경성우편국**

'(조선명소)경성우편국'이라는 제목의 흑백 사진그림엽서이다. 정면에서 촬영되었다.

그림 24 경성우편국

'(조선명소)경성우편국'이라는 제목의 흑백 사진그림엽서이다. 왼쪽 측면에서 촬영된 것인데 오른쪽 본정1정목 입구에는 많은 사람들로 북적이는 모습이고 '안전제일'이라는 간판 표지가 서 있는 것이 보인다.

그림 25 경성우편국

〈그림 3〉, 〈그림 5〉와 동일한 흑백 사진그림엽서이다.

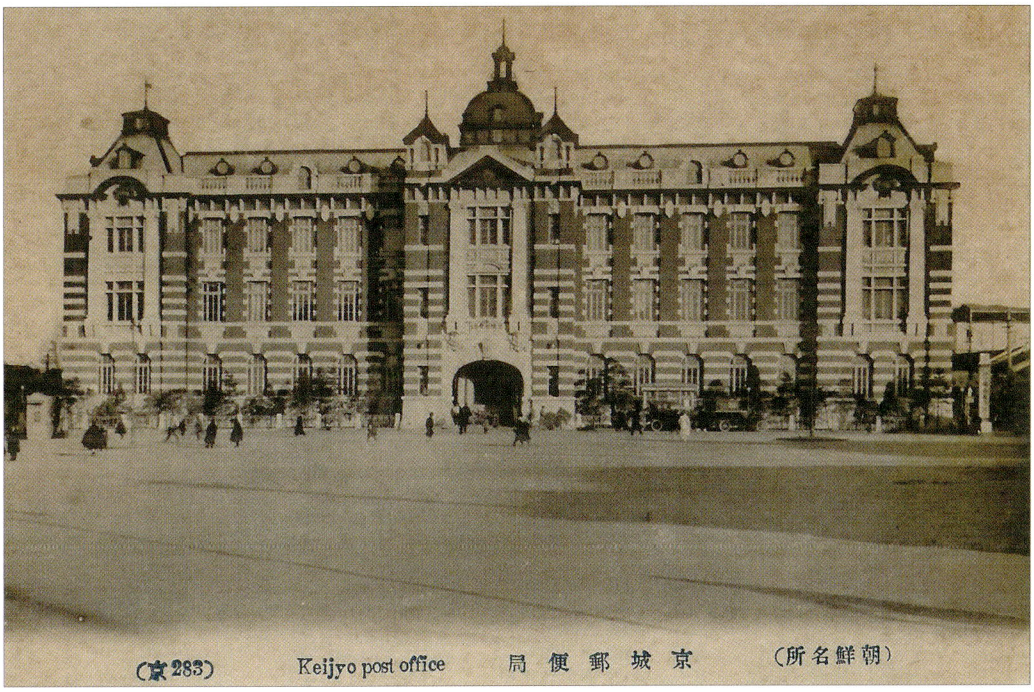

그림 26 경성우편국

'(조선명소)경성우편국'이라는 제목의 흑백 사진그림엽서이다. 경성우편국을 정면에서 찍은 사진인데 오른쪽 귀퉁이에 '본정1정목'이라는 안내 장식 기둥이 보이지 않는 것으로 보아 1910년대 말에서 1920년대 초기의 사진으로 보인다.

그림 27 경성우편국

〈그림 10〉, 〈그림 13〉과 동일한 컬러 사진그림엽서이다.

그림 28 경성우편국

〈그림 3〉, 〈그림 5〉와 동일한 흑백 사진그림엽서이다.

그림 29 경성우편국

〈그림 4〉, 〈그림 22〉와 동일한 흑백 사진그림엽서이다. 경성우편국 왼쪽 측면에서 찍은 사진인데 자전거를 타고 가는 사람들 한복을 입은 조선인 중년 남자들이 찍혀 있다.

그림 30 경성우편국
〈그림 26〉과 동일한 흑백 사진그림엽서이다.

그림 31 경성우편국
〈그림 10〉, 〈그림 13〉, 〈그림 27〉과 동일한 흑백 사진그림엽서이다.

그림 32 경성우편국에서 종로 방면을 바라봄

'경성우편국에서 종로 방면을 바라봄'이라는 제목의 컬러 사진그림엽서이다. 조선은행 앞 광장의 '조선은행', '조선상업은행' 그리고 앞에서 언급한 'レートクレーム(레토 크레무)' 광고탑, 전차와 자동차, 오고가는 사람들이 비교적 생동감 있게 배치된 사진이다.

그림 33 근대적 색채가 밝음

'근대적 색채가 밝음'이라는 제목의 흑백 사진그림엽서이다. 오른쪽 하단에는 "미쓰코시[三越] 백화점과 함께 본정(本町) 입구의 대광장에 요동치듯 서 있는 대건축, 근대적 색채가 아름답다. 경성우편국의 전영 [반도의 수부=대경성]"이라는 설명문이 붙어 있다.

그림 34　넓은 하늘 열리다

'넓은 하늘 열리다'라는 제목의 흑백 사진그림엽서이다. 오른쪽에는 "넓은 하늘 열리고 아주 맑고 맑은 바람이 뽀송뽀송, 거체 찬란 요동치고 요동친다.(경성명소·우편국 및 미쓰코시 백화점)"이라는 설명문이 붙어 있다.

오늘날 〈그림 34〉와 같은 구도에서 바라본 모습

왼쪽 회색 건물이 현재 서울중앙우체국(포스트타워)이다. 광복 이후 1957년, 1981년 두 차례에 걸쳐 건물이 개축되었으며, 현재의 건물은 2007년에 신축된 청사이다.

그림 35　대광장에 우뚝 선 우편국

'(경성)대광장에 우뚝 선 우편국'이라는 제목의 흑백 사진그림엽서이다. 왼쪽 측면에서 촬영 된 것인데 커다란 전주에 전선이 여러 가닥 가설된 모습과 전차선로 등이 눈에 띈다. 오른쪽으로 아직 미쓰코시 백화점이 들어서기 전의 모습으로 경성부 구청사의 일부가 보인다.

그림 36　대광장에 우뚝 선 우편국

〈그림 35〉와 동일한 흑백 사진그림엽서이다.

그림 37 시가의 중앙광장(오른쪽 경성우편국, 왼쪽 조선은행)

'(경성)시가의 중앙광장(오른쪽 경성우편국, 왼쪽 조선은행)'이라는 제목의 흑백 사진그림엽서이다. 조선은행 앞 광장에는 한복을 입은 조선인들, 수레를 끄는 조선인 인부들과 교모를 쓴 소학생으로 보이는 일본 아이가 어린이의 손을 잡고 길을 가는 모습 등이 인상적이다.

그림 38 시가의 중앙광장(오른쪽 경성우편국, 왼쪽 조선은행)

〈그림 37〉과 동일한 흑백 사진그림엽서이다.

그림 39 우편국

'(경성)우편국'이라는 제목의 컬러 사진그림엽서이다. 말 달구지를 끄는 인부들의 모습, 손수레를 끌고 가는 사람, 자전거를 타고 가는 사람, 한복을 입은 사람들이 분주히 오고 가는 모습이 담겨 있다.

그림 40 조선은행 앞의 대광장 / 우편국과 미쓰코시

〈그림 1〉, 〈그림 6〉, 〈그림 8〉, 〈그림 18〉과 동일한 흑백 사진그림엽서이다.

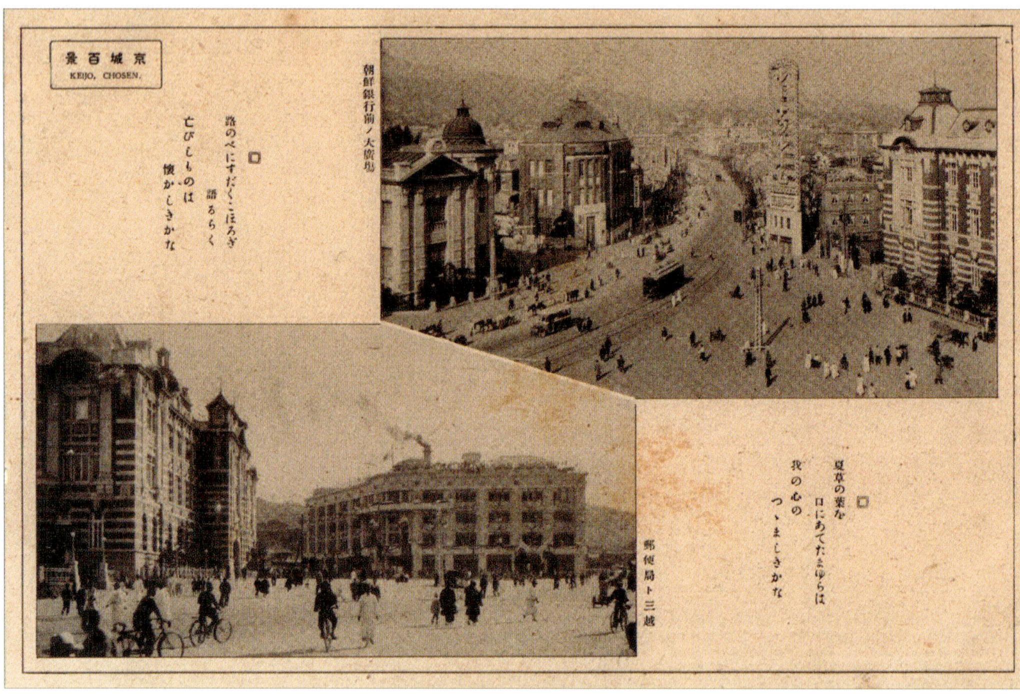

그림 41 조선은행 앞의 대광장 / 우편국과 미쓰코시

〈그림 1〉, 〈그림 6〉, 〈그림 8〉, 〈그림 18〉, 〈그림 40〉과 동일한 흑백 사진그림엽서이다.

그림 42 조선은행 앞의 대광장 / 우편국과 미쓰코시
〈그림 1〉, 〈그림 6〉, 〈그림 8〉, 〈그림 18〉, 〈그림 40〉, 〈그림 41〉과 동일한 흑백 사진그림엽서이다.

미나카이 백화점

三中井百貨店

Minakai department store

미나카이 백화점은 1911년 본정1정목에 설립된 미나카이 오복점이 그 시초이다. 1919년 미나카이 포목점, 1929년 주식회사 미나카이 오복점 등을 설립하며 실질적으로 백화점의 형태를 가지게 되었으며 1933년 미나카이 백화점 경성 본점이 완성되어 이른바 경성 5대 백화점의 반열에 올랐다.

미나카이 백화점은 20세기 전반 조선과 만주 및 중국에 점포를 둔 일본인 경영의 백화점으로 당시 경성에서는 조지아, 히라다, 미쓰코시, 화신과 함께 5대 백화점으로 불리었다. 미나카이 백화점은 나카에 가쓰지로[中江勝次郎]가 일본 시가현 간자키군 미나미고카쇼촌(현 히가시오미시)에서 미나카이 오복점[三中井呉服店]을 창업한 것이 시초였다. 가쓰지로는 17세기 중엽부터 이어져 오는 오우미[近江] 상인의 후손이었다. 오우미는 현재 시가현의 옛 이름이며 오우미 상인이란 에도시대부터 오사카[大阪] 상인, 이세伊勢 상인과 함께 일본의 3대 상인으로 불린다. 특히 오우미 상인은 오우미 지역 이외의 전국 각지에서 행상한 상인으로 유명하다. 오늘날도 일본에서는 시가현 출신의 기업가를 '오우미 상인'이라 부르며 그 전통은 뿌리가 깊다. 예를 들면 세이부 그룹, 다카시마야, 이토츄상사, 마루베니, 스미토모 재벌, 와콜, 도요타자동차, 다케다약품공업, 일본생명보험 등은 모두 오우미 상인이 뿌리가 되어 창업했으며 지금까지도 건재한 대기업이다. 그만큼 오우미 출신의 상인은 기업가로서의 자질을 인정받고 있다고 할 수 있다.

나카에 가쓰지로는 1905년 규지로[久治郎], 도미주로[富十郎], 준고로[準五郎]의 3형제와 함께 일본이 청일전쟁과 러일전쟁을 거쳐 조선에 세력을 확대하던 시대의 흐름을 틈타 일확천금을 꿈꾸고 조선에 들어왔다. 처음 가쓰지로가 조선에 진출할 당시 부산에는 이미 많은 일본인이 선점하고 있었다. 따라서 가쓰지로는 경부선이 지나는 대구의 시장성을 보고 대구 서문시장에 생활용품 잡화점인 '미나카이 상점'을 창업했다. '미나카이[三中井]' 상점의 명칭은 가쓰지로 삼형제의 '삼'三, 가쓰지로의 성 나카에[中江]의 '중'中, 가쓰지로의 누이가 시집간 성에서 '정'井의 글자를 합성한 것에서 유래한다고 전해진다. '삼중정'은 일본어로 발음하면 '미나카이'로 읽는다. 미나카이 상점은 1907년 진주에 지점을 설치하면서 '미나카이 오복점'으로 개명했으며, 한국 강점 이듬해인 1911년에 본점을 경성 본정1정목으로 옮긴 후 일본에 있던 '미나카이야'를 폐점하고 조선에 사업역량을 집중했다. 이어서 1913년에 미나카이 원산점, 1917년에 미나카이 부산점,

1922년에 미나카이 평양점을 개점하고 1922년에는 주식회사 미나카이 포목점을 창립했으며, 1923년에는 미나카이 도쿄지점을 개점했다.

나카에 가쓰지로는 미쓰코시, 조지아 등이 백화점의 모습을 갖추어 가는 것을 보고 1919년 경성에 미나카이 포목점 경성 본점을 개점하여 백화점 사업에 뛰어들었지만, 아직 백화점이라고 하기에는 부족한 점이 많았다. 이후 가쓰지로는 1924년 미국 각지를 시찰하면서 사람들의 풍요로운 생활과 근대적인 고층 빌딩, 거리를 달리는 사동차 등의 근내 도시의 광경에 감동하고 대형 백화점에 큰 관심을 가졌다. 경성으로 돌아온 가쓰지로는 미국 백화점의 판매방식을 참고로 경영을 개혁하여 1929년 주식회사 미나카이 오복점 경성 본점을 낙성하였다. 이후 1933년 경성 본정에 오랫동안 꿈꾸어왔던 미나카이 백화점 경성 본점을 완성했다. 미나카이 백화점은 이후 증축과 개축을 거듭하여 1937년 6층 건물의 르네상스 양식의 건물을 완성하였다. 본점은 지상 6층, 지하 1층으로 매장 면적은 2,504평이며 당시 소재지는 경성부 본정1정목 45번지로 현재 지하철 4호선 명동역 5·6번 출구가 있는 밀리오레 빌딩이 그 부지의 일부가 된다.

이후 가쓰지로는 경영수완을 발휘하여 조선 각지와 만주, 중국에 18개 점포를 가지는 거대 백화점 체인으로 성장했다. 조선에는 경성, 부산, 대구, 평양, 함흥, 원산, 군산, 목포, 대전, 광주 총 10개 점포를 열었다. 1937년에는 1917년에 개점한 마나카이 부산지점을 부산부청 옆에 부지 70평의 5층 건물로 신축 개관했다. 부산 미나카이 백화점은 당시만 해도 부산에서 가장 높은 건물이었으며, 부산에서 최초로 두 대의 엘리베이터가 설치되어 명성을 떨쳤다. 당시 사람들은 엘리베이터를 타기 위해 백화점에 가기도 했다. 광복 후까지도 부산 사람들은 백화점간다는 말을 "미나카이 간다"로 표현할 만큼 경제적으로뿐만 아니라 문화적으로도 큰 영향을 미쳤다. 부산지점의 위치는 현재 부산시 중앙동 롯데 백화점이 들어선 곳이었다.

미나카이 백화점은 1945년 일본 패전 당시 조선에 12개 점포, 만주에 3개 점포, 중국에 3개 점포, 일본에는 총본부로 교토에 본사를 두고 오사카와 도쿄에는 사입부仕入部를 두어 조선과 만주 및 중국에서 최대의 백화점 체인을 구축하고 있었다. 미나카이 백화점의 전성기에는 사원 수 4,000명에 연간 매상고 1억 엔(현재 가치로 약 5,000억 엔)의 규모였다. 경성에서의 매상은 미쓰코시가 상위에 있었다고 하지만 조선과 대륙에 진출한 점포 전체의 매상은 당시 일본 최대의 백화점이었던 미쓰코시를 능가하고 있었다.

그러나 미나카이 백화점의 번영은 1945년 일본의 패전과 함께 붕괴했다. 창립자 가쓰지로가 패전 직전인 1944년 사망한 후 가족은 미나카이 오복점을 최초로 창업한 일본의 시가현 긴자키군으로 돌아가 전병점을 개설했다가, 이후 취급 품목을 양과자로 변경하여 미나카이 양과점으로 개점하여 현재도 영업하고 있다. 결국 미나카이 백화점은 일본의 패전과 함께 일본 국내에서도 재건되지 않고 소멸, 해체되어 오늘날 일본인들 가운데서도 미나카이 백화점의 존재를 아는 사람은 거의 없다. 제국주의 시대 거대한 백화점 왕국으로 군림한 미나카이가 패전과 함께 사라진 배경에는 확실한 후계자를 양성하지 못했으며, 미나카이를 받쳐주고 있던 오우미 상인의 정신에서 오는 윤리성을 상실했기 때문이라고 보는 견해도 있다. 가쓰지로 사후 후계자들은 일본에서 재건할 의지도 없이 기업가의 정신을 상실하고 주식으로 모든 재산을 탕진하거나 고향의 호화저택도 매각해 버리고 도망치듯이 고향을 떠났다고 한다. 식민지시대 자본주의의 미개척지였던 조선으로 물밀듯이 밀려오는 일본 자본의 틈바구니에서 미나카이는 조선뿐만 아니라 일본과 만주에 걸쳐 거대한 유통망을 구축하고 명성을 떨쳤지만, 일본의 패망과 함께 운명을 마감했다. 다만 창업자 가쓰지로의 생가는 현존하고 있으며 '오우미 상인 저택'으로 일반 공개되고 있다.

일본 패전 후 미나카이 백화점의 건물은 1946년 해안경비대 본부로 이용되었으며 이후 한국 해군본부에 인계되어 1958년까지 사용되었다. 그리고 1960년 4·19혁명 이후 국회의사당으로 사용되다가 5·16쿠데타가 발생한 후 여기에 국가재건최고회의가 설치되었으며, 최고회의가 세종로로 이전한 후에는 원호청 청사로 사용되었다. 이후 1970년 퇴계로 확장공사에 따라 미나카이 백화점 건물이 철거되어 부지의 반은 도로 용지가 되었으며 나머지 부분은 주차장으로 이용되었다. 1997년 이 주차장에 명동 밀리오레가 세워지게 되어 2000년 5월에 준공되었다. 이번에 수록된 미나카이 백화점의 사진그림엽서는 모두 6장이다.

그림 1 조지아 / 미쓰코시 / 미나카이

왼쪽부터 시계방향으로 ‘조지아 백화점’, ‘미쓰코시 백화점’, ‘“미나카이 백화점’의 사진을 배치한 흑백 사진그림엽서이다. 2층 건물인 것으로 보아 1936년 6층으로 증축하기 전의 모습인 것을 알 수 있다.

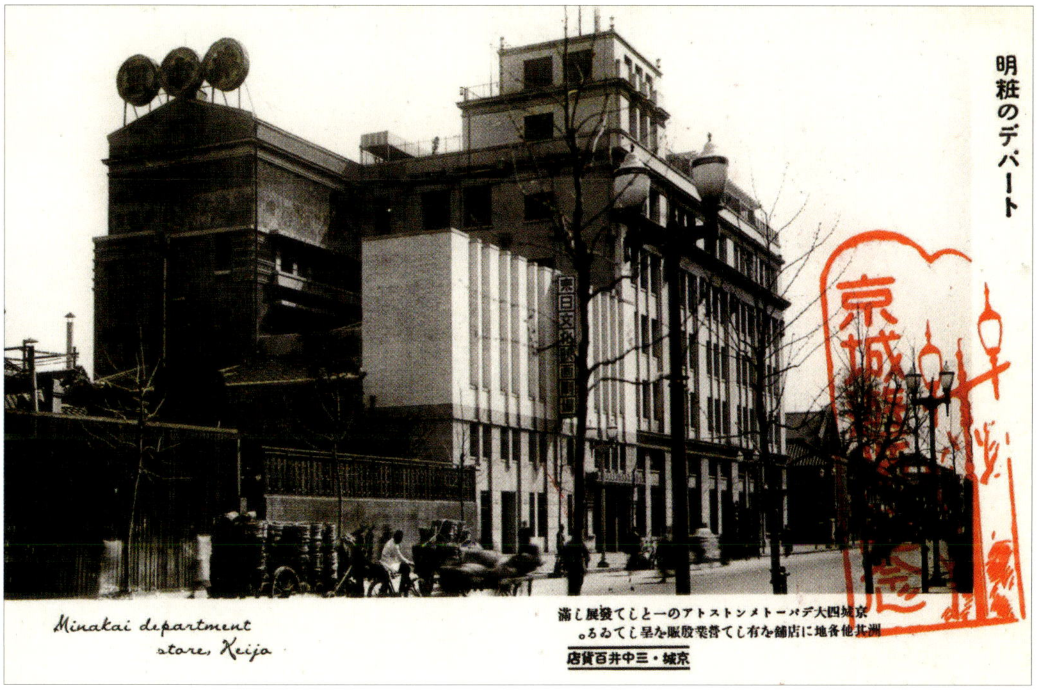

그림 2 미나카이 백화점

'밝게 단장한 백화점'이라는 제목의 흑백 사진그림엽서이다. 1936년 6층 건물로 증축한 이후의 미나카이 백화점의 모습이다. 엽서 아래에는 "경성 4대 백화점의 하나로 발전하여 만주 기타 각지에 점포를 보유하고 영업 판매를 펼치고 있다."는 설명이 있다. 스탬프에는 '경성유람기념'이라고 적혀있다. 백화점 건물의 세로 간판에 '경일문화영화극장'이라는 글이 적혀있는 것으로 보아 백화점 안에 영화관이 있었던 것으로 보인다.

그림 3　미나카이 백화점

'은진(殷賑)을 뽐내는'이라는 제목의 흑백 사진그림엽서이다. 은진이란 '번성'을 의미한다. 〈그림 2〉와 같은 사진이 실려 있지만 엽서의 구도가 다르다. 사진 왼쪽에는 "미쓰코시, 조지아와 함께 경성 3대 백화점의 하나로 불리며 반도 및 대륙 방면으로 발전하고 있다."고 적혀있다. 스탬프에는 '경성관광기념'이라고 적혀있다.

그림 4 미나카이 백화점
〈그림 3〉과 동일한 흑백 사진그림엽서이다.

그림 5　미나카이 백화점

〈그림 2〉와 동일한 흑백 사진그림엽서이다.

그림 6 성관(盛觀)을 뽐내는 미나카이 백화점

〈그림 2〉와 동일한 사진그림엽서이지만 내용이 다르다. 동일한 사진 중 가장 선명하다.

오늘날 〈그림 6〉과 같은 구도에서 바라본 모습

1933년 설립된 미나카이 백화점은 광복 이후 해안경비대 본부, 대한민국 해군본부 참의원 국회의사당 등을 이용되었다. 1970년 퇴계로 확장공사로 인해 기존 건물이 철거되었다. 현재의 밀레오레 건물은 2000년에 지어진 것이다.

미쓰코시 백화점
三越百貨店
Mistukoshi department store

미쓰코시 백화점은 1906년 경성에 임시 출장소 개설에서 시작되었으며, 1916년에는 본정1정목에 미쓰코시 오복점을 열었다. 1929년에는 본정1정목에 있던 경성부 구청사 터에 새로운 점포 건립을 시작하여 1930년 완공하였는데, 이곳이 한국 최초의 백화점이었다.

한국에 처음 등장한 백화점은 일제강점기인 1930년에 개장한 미쓰코시 백화점 경성점이었다. 미쓰코시는 일본의 에도[江戶]시대인 1673년에 당시 부유 상인 미쓰이[三井] 가문의 미쓰이 다카도시[三井高利]가 현재 도쿄 니혼바시[日本橋]에 오복점 '에치고야[越後屋]'로 창업한 것이 시초였다. 오복점이란 일본 전통 의복인 기모노에 필요한 원단과 장신구, 몸에 지니는 소품 등을 판매하는 곳으로 우리나라의 포목점과 같다. 미쓰이 다카도시는 훗날 미쓰이 재벌의 기초를 닦은 인물이다. 에치고야는 당시로서는 획기적이라고 할 수 있는 정찰 판매를 세계에서 최초로 실현하고 당시 부유층의 전유물이었던 포목을 일반 서민들도 누릴 수 있게 만들어 성공을 거두었다. 에치고야는 이를 바탕으로 금융업으로도 사업을 확장하여 막대한 부를 쌓았다.

에치고야는 1893년 '합명회사 미쓰이 오복점'으로 개조했으며, 1904년 '합명회사 미쓰이 오복점'에서 '주식회사 미쓰코시 오복점'으로 개칭하고 초대 전무이사로 히비 오스케[日比翁助]가 취임했다. 히비 오스케는 1884년 게이오대학을 졸업하고 외국 자본의 모리슨 상회와 미쓰이 은행을 거쳐 1898년 미쓰이 오복점에 입사한 후 경영 개혁에 수완을 발휘하여 미쓰코시 오복점의 초대 전무이사로 취임했다. 히비 오스케는 전무이사로 취임한 후 미쓰코시 오복점의 경영 방침으로 '백화점(department store) 선언'을 하면서 일본 최초의 백화점이 등장하게 되었다.

이에 따라 1905년부터는 매장의 배치를 바꾸고 화장품, 모자 등의 품목도 다루기 시작했으며, 배달용 자동차도 최초로 도입했다. 또한 1907년에는 신발과 양산 등의 품목도 추가했으며 니혼바시 본점에는 식당과 사진관 등도 개관했다. 1911년부터는 전화 주문을 받기 시작했으며, 1914년에는 니혼바시 본점에 르네상스 양식의 신관을 세웠다. "오늘은 제국극장, 내일은 미쓰코시"라는 선전 광고가 등장한 것도 이때였다. 미쓰코시 오복점은 1928년에는 회사의 명칭을 '주식회사 미쓰코시'로 바꾸었다. '미쓰코시'란 명칭은 '미쓰이'의 '미'와 '에치고야'의 '에치[越]'에서 따온 것이었다. '에치'는 음독이지만 훈독으로 읽으면 '코시'로 발음한다. 1935년 도쿄 니혼바시에 준공한 미쓰코시 본점은 현재 일본의 중요문화재로 지정되어 있다.

미쓰코시는 백화점으로 성장하기 전부터 조선으로 진출하여 1906년 경성에 임시 출장소를 개설했으며, 1916년에는 일본인들이 모여 사는 경성의 본정1정목(현재 충무로1가 23 사보이호텔 부지)에 목조 2층 건물의 미쓰코시 오복점 경성 지점을 개설했다. 미쓰코시 오복점의 경성지점은 조선에서의 일본 이미지 향상을 꾀하던 당시의 한국 통감 이토 히로부미가 미쓰코시의 초대 전무이사 히비 오스케에게 권유하여 경성에 개설하게 된 것이었다. 이후 경성의 미쓰코시 오복점은 1916년과 1925년 점포를 증축하고 1929년에는 본정1정목 52번지의 경성부 구청사 터(현재 신세계 백화점 구관)에 새로운 점포 건립을 시작하여 1930년 10월 24일 지하 1층, 지상 4층에 종업원 360명 규모의 미쓰코시 백화점 경성점으로 개업하면서 우리나라에 최초로 등장한 백화점이 되었다. 르네상스 건축양식으로 지어진 미쓰코시 경성점은 세계 최초의 백화점인 프랑스 봉마르셰와 영국 왕실 백화점 해롯의 외관과 매장 구성 등을 모방한 것으로 알려져 있다.

미쓰코시 백화점 경성점의 설립은 우리나라 유통 문화에 큰 변화를 불러왔다. 이전에는 찾아볼 수 없었던 대형 매장, 정찰제 판매, 박리다매의 판매전략을 쓰는 백화점의 등장은 조선인들의 소비문화에도 큰 충격을 주었다. 미쓰코시 백화점을 우리나라 최초의 근대적 백화점으로 보는 가장 중요한 이유는 미쓰코시 백화점의 체계화된 영업 및 관리조직 때문이다. 이는 근대적 백화점의 대표적 특징으로 후일 동아 백화점, 화신 백화점 등 민족자본으로 형성된 백화점 경영에도 큰 영향을 미쳤다.

1930년대 전성기의 미쓰코시 백화점은 지하 1층, 지상 6층의 건물로 대지면적은 2,410m², 연면적은 1만 3,457m²였다. 미쓰코시 백화점 경성점의 내부 시설을 살펴보면 지하에는 이발소, 레스토랑, 신발 판매점, 1층에는 여행객 안내소, 조선 특산물 판매점, 선물 포장점, 고급 식료품 매장, 2층에는 화장품 판매점, 휴게실, 기모노, 맞춤복, 기성복, 3층에는 신사 양복과

숙녀 양장 코너, 옷 제작 공장, 피팅룸, 4층에는 미쓰코시 홀, 귀금속, 가구매장, 대형식당, 5층에는 옥상정원, 미쓰코시 갤러리, 사진관, 온실, 커피, 차, 소다 판매점 등이 있었다. 화려한 신상품들이 진열된 쇼윈도우, 엘리베이터, 당시 최고의 명소로 소문난 옥상정원 등 모던한 멋을 뽐내는 미쓰코시 백화점은 경성 시민들의 이목을 끌기에 족한 것이었다. 또한 미쓰코시 백화점 경성 지점의 운영방식의 특징 가운데 하나는 고객서비스였다. 판매원들은 손님들이 드나들 때마다 일본인에게는 일본어로, 조선인에게는 조선어로 인사했다고 한다.

이처럼 경성에 최초로 등장한 백화점인 미쓰코시 백화점은 경성 근대화의 신호탄이자 상징이었다. 미쓰코시 백화점은 당시 모던걸, 모던보이들이 모이는 중심지이자, 유행의 발상지였으며, 근대적 소비가 이루어지던 곳이었다. 미쓰코시 백화점은 1936년 작가 이상이 발표한 〈날개〉에서 주인공이 배회하는 곳 가운데 하나로 나오고 있으며 영화 〈암살〉에서 미츠코가 처음 등장하는 곳으로도 나온다. 미쓰코시 백화점이 등장한 후 경성에는 화신 백화점, 미나카이 백화점, 조지아 백화점, 히라다 백화점 등이 들어섰고 대구, 부산 등에도 백화점이 들어섰다.

그러나 미쓰코시 백화점을 단순히 첨단의 신문물을 전시 판매하는 공간으로만 볼 것이 아니라 일본의 식민지 지배를 공고히 하는 공간이었다는 점을 간과해서는 안 된다. 미쓰코시 백화점은 일본 자본에 의해서 설립된, 일본의 소비문화를 바탕으로 하는 공간이었다. 그런 점에서 백화점은 일본 중심의 문화 공간을 조선인들에게 유행시켜, 일본 문화를 인식시킴과 동시에 식민지의 동화과정에 협력하게 하는 미끼였다고 할 수 있는 것이다. 예를 들면 백화점 내부에서 자주 열리는 박람회는 백화점을 방문한 조선인에게 자연스럽게 일본의 문화에 노출되게 하고, 식민지 지배와 일본 문화의 수용에 긍정적인 생각을 가지게 하는 역할을 했다.

광복 후 미쓰코시 백화점은 미군정에 귀속되었다가 한국인이 경영하는 동화 백화점이 되었고, 1961년에 동방생명으로 경영권이 바뀌었다가 그 이듬해 동방생명이 삼성그룹 산하로 들어가면서 동화 백화점은 신세계 백화점으로 명칭이 바뀌었다. 이후 신세계 백화점은 1991년 삼성그룹으로부터 독립을 선언하고 1997년 공식적으로 분리했으며, 2001년 3월 상호를 '신세계 백화점'에서 '신세계'로 변경했다. 현재 서울 신세계의 본점 건물은 일제강점기 미쓰코시 백화점 경성점의 외형을 그대로 보존하고 있다. 신세계 백화점에서는 지금도 미쓰코시 백화점 경성점의 개점일인 1930년 10월 24일을 창립일로 삼고 매년 이 시기에 창립행사를 진행하고 있다. 이번에 수록된 사진그림엽서 중 미쓰코시 백화점 관련 엽서는 모두 17장이나.

그림 1　조선은행 앞의 대광장 / 우편국과 미쓰코시

오른쪽 위에는 '조선은행 앞의 대광장', 왼쪽 아래에는 '우편국과 미쓰코시'라는 제목의 흑백 사진그림엽서이다. 오른쪽 위의 사진은 거리가 매우 번화한 모습을 보인다. 전차가 달리는 길은 지금의 남대문로이다. 왼쪽 건물은 현재 한국은행 화폐박물관이며, 왼쪽에서 두 번째 건물은 현재 한국은행 소공동 별관으로 이용되고 있다. 오른쪽 건물은 경성우편국으로 현재 서울중앙우체국이다. 경성우편국 앞의 큰길 옆에 네온사인의 높은 대형 광고탑이 세워져 있는데, 이것은 '레이트크림'이라는 화장품 광고탑이다. '레이트크림'은 '히라오산페이상점[平尾贊平商店]'이라는 화장품 회사가 1909년부터 판매한 화장 크림이다. 레이트(lait)란 '젖(乳)'을 의미하는 프랑스어이다. 레이트크림이 경성에 진출한 것은 1930년대 후반이었다.

왼쪽 아래의 사진은 왼쪽이 경성우편국이고 정면으로 보이는 건물이 미쓰코시 백화점으로 현재의 신세계 백화점이다. 건물 옥상에는 만국기가 펄럭이고 있고 각 층의 창마다 현수막이 있는 것을 보면 1930년 신축 개관 당시에 찍은 사진으로 보인다.

그림 2 미쓰코시 백화점

'(경성명소)미쓰코시 백화점'이라는 제목의 흑백 사진그림엽서이다. 백화점 정문에는 일장기가 교차로 세워져 있으며, 옥상에는 미쓰코시 백화점의 로고가 새겨진 깃발이 펄럭이고 있다. 〈그림 1〉에 보이던 만국기의 모습은 보이지 않는다. 정문 앞에는 한복을 입은 사람이 걸어가고 있고, 기모노를 입은 여성들과 교복을 입은 생도들의 모습도 보인다.

오늘날 〈그림 2〉와 같은 구도에서 바라본 모습

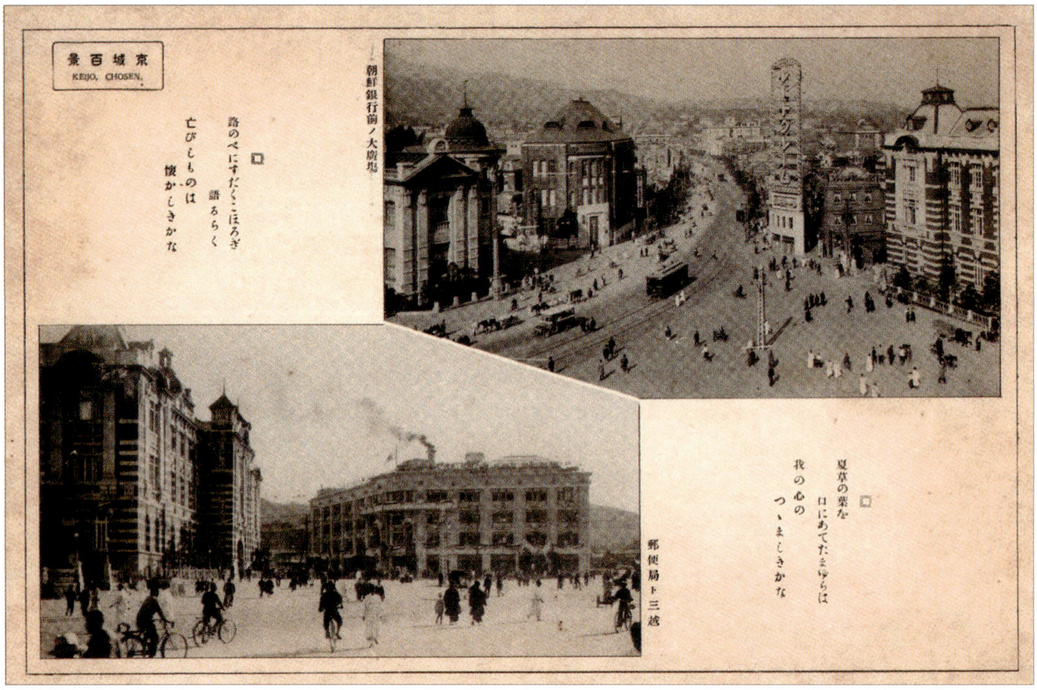

그림 3 조선은행 앞의 대광장 / 우편국과 미쓰코시

〈그림 1〉과 동일한 흑백 사진그림엽서이지만 명암이 약간 다르다.

그림 4 조지아 / 미쓰코시 / 미나카이

왼쪽부터 시계방향으로 '조지아 백화점', '미쓰코시 백화점', '미나카이 백화점'의 사진을 배치한 흑백 사진그림엽서이다.

그림 5 **조선은행 앞의 대광장 / 우편국과 미쓰코시**

〈그림 1〉과 동일한 흑백 사진그림엽서이다.

그림 6 미쓰코시 백화점

'백화의 전당'이라는 제목의 흑백 사진그림엽서이다. 미쓰코시 백화점을 측면에서 찍었다. 오른쪽 현수막에는 '국민정신 총동원 애마의 날'이라고 적혀있고 왼쪽 현수막에는 '제30회 기념식수'라는 글이 적혀있다. '국민정신 총동원'은 1937년 9월 중일전쟁 발발 직후인 1937년 9월부터 실시한 관제 국민운동으로 그것이 식민지 조선에서도 동시에 시행되고 있었다는 것을 알 수 있다. 국민정신 총동원 운동은 국가를 위해 국민의 희생을 강요하는 '멸사봉공'의 정신을 함양시키기 위해 추진되었다. 백화점 정문 위의 현수막에는 국민정신 총동원 운동 당시의 구호 가운데 하나였던 '일억일심'이라는 글도 보인다. 일억이란 당시 일본 인구 7,000만 명과 식민지 조선의 인구 3,000만 명을 합친 숫자로, 식민지 민중도 한마음으로 전쟁에 협력해야 한다는 의미를 내포하고 있다. 사진 아래에는 "번화함을 자랑하는 대경성의 눈길을 끄는 거리 혼마치 입구에 우뚝 솟은 건축 미쓰코시 지점은 사람들의 발길이 잦은 도심의 대로를 장식하기에 어울리는 위관(偉觀)이다 / 경성·미쓰코시"라고 적혀있다. 붉은색 스탬프에는 '경성명승관광'이라고 적혀있다.

그림 7 미쓰코시 백화점

〈그림 6〉과 동일한 흑백 사진그림엽서이지만 구도와 명암이 약간 다르고 스탬프가 없다.

그림 8 미쓰코시 백화점

'미쓰코시 백화점'라는 제목의 흑백 사진그림엽서이다. 사진 아래에는 "백화점의 왕자로서 대경성의 거리에 군림하는 미쓰코시는 본정통에 우뚝 솟아 있으며 근대적인 점두에는 근대적인 로터리가 있다 / 경성·미쓰코시 백화점"이라고 적혀있고, 사진 위에는 '경성관광기념'이라는 붉은색 스탬프가 찍혀 있다.

그림 9 미쓰코시 백화점

〈그림 8〉과 동일한 흑백 사진그림엽서이지만 스탬프의 색이 다르다.

그림 10　경성 거리의 아름다움을 장식하는 미쓰코시 백화점

'(경성명소)경성 거리의 아름다움을 장식하는 미쓰코시 백화점'이라는 제목의 흑백 사진그림엽서이다. 미쓰코시 백화점의 정면에서 찍은 사진그림엽서로 정문 위의 2층에는 '국위선양'이라는 글이 적혀있다. 오른쪽에는 전차가 지나가는 모습이 보인다.

그림 11 **조선은행 앞의 대광장 / 우체국과 미쓰코시**

〈그림 1〉과 동일한 흑백 사진그림엽서이지만 명암이 약간 다르다.

그림 12 넓은 하늘 열리다

'넓은 하늘 열리다'라는 제목의 흑백 사진그림엽서이다. 왼쪽이 경성우편국이고 오른쪽이 미쓰코시 백화점이다. 오른쪽의 세로 글씨는 '넓은 하늘 열리다'라는 제목 아래 "크고 넓게 맑디맑고 바람은 보송보송 / 거체 찬란, 흔들흔들"이라고 적혀있다.

그림 13 백화의 전당 미쓰코시 백화점

〈그림 6〉과 동일한 흑백 사진그림엽서이지만 명암이 약간 다르다.

그림 14 미쓰코시 백화점

미쓰코시 백화점의 측면에서 찍은 흑백 사진그림엽서로 오른쪽 건물은 증축한 신관의 모습이다. 왼쪽 세로글씨는 "내지인의 발전 왕성한 본정통 입구의 대광장에 의연히 행인을 압도하며 솟아 신장된다. 〈미쓰코시 백화점〉[반도의 수도 = 대경성]"이라고 적혀있다.

그림 15 조선은행 앞의 대광장 / 우체국과 미쓰코시

〈그림 1〉과 동일한 흑백 사진그림엽서이지만 명암이 약간 다르다.

그림 16　조선은행 앞의 대광장 / 우체국과 미쓰코시

〈그림 1〉과 동일한 흑백 사진그림엽서이지만 명암이 약간 다르다.

그림 17　조선은행 앞의 대광장 / 우체국과 미쓰코시

〈그림 1〉과 동일한 흑백 사진그림엽서이다.

02

황금정

黃金町

Koganemachi

황금정은 한성부 남부에 속한 지역으로 1914년 〈경기도고시〉 제7호에 의해 황금정1~7정목으로 획정되었다. 황금정은 본정, 명치정과 함께 경성의 번화가로 불렸으며, 특히 각종 증권회사가 집중되어 있었다.

황금정 개설

黃金町
Koganemachi

황금정은 한성부 남부에 속한 지역으로 1914년 〈경기도고시〉 제7호에 의해 황금정1~7정목으로 획정되었다. 황금정은 본정, 명치정과 함께 경성의 번화가로 불렸으며, 특히 각종 증권회사가 집중되어 있었다.

황금정黃金町은 조선시대 한성부 남부南部에 속한 지역으로 광통방, 호현방, 태평방, 훈도방, 명례방, 성명방, 명철방 일원에 있었다. 1894년 갑오개혁으로 남부가 남서南署로 개편되었다. 1914년 4월 1일 경성부 구역 획정에 따라 〈경기도고시〉 제7호에 의해 황금정1~7정목으로 바뀌었다.

이 일대는 조선시대 '구리개'로 불리었다. 20세기 초까지 구리개, 즉 을지로 일대는 종로처럼 붐비지는 않았으나 체찰사부體察使府, 혜민서惠民署, 장악원掌樂院 등의 관아가 자리 잡고 있었다. 또한 가내수공업이 성하던 지역이었고 많은 서민들이 거주하였다. 이외에 조선시대 훈련도감의 하도감下都監이 위치하여 군교軍校들이 집단으로 거주하였다. 훈련원訓鍊院 부근과 동대문 밖에는 도성 안의 주민을 대상으로 한 채소 농업이 상업적으로 이루어졌으며, 미나리·배추·무 등을 경작하는 이들이 거주하였다.

체찰사부는 《한경지략》과 《동국여지비고》에 의하면 구리개 안쪽에 설치되어 있었다고 한다. 1592년 임진왜란 당시 군사들을 독려하기 위해 만든 기관으로 광해군 이후 일시 폐지되었다가 현종 때 이곳에 재창설되었다. 혜민서는 의약과 서민의 구제를 담당하는 기관으로 의녀의 교육도 담당하였다. 장악원에는 궁중에서 연주되는 음악이나 무용을 담당하는 관청으로 맹인들도 소속되어 교육을 받았다.

훈련원은 갑오개혁 이전까지 조선의 군사들을 훈련시키고 무과 시험을 시행하던 곳이었다. 이후 1907년 일제가 〈정미7조약〉을 강제로 체결하면서 군대를 해산시킨 곳이기도 하다. 8월 1일 당시 훈련원에서는 무장을 해제당한 한국군의 해산식이 강제로 거행되었다. 이에 시위대대 제1대대 박승환朴昇煥 대대장이 자결하였고, 해산에 반발한 군인들이 일본군과 시가전을 벌였다. 이들은 정미의병으로 가담하여 무장항일독립운동의 한 축을 담당였다.

이외에 조선시대 이곳은 선조 때 역관이었던 홍순언洪純彦이 살았던 곳이기도 하다. 홍순언에 대해서는 조선 후기 그에 대한 설화가 유명하다. 이야기에 따르면 그는 사신을 따라 명나라 수도로 가는 도중 부모의 장례 비용을 마련하기 어려워 홍등가에 나왔던 규수를 구하기 위해 가지고 있던 300냥을 지불했다. 그 후 그 여인은 명나라 예부시랑 석성石星의 후실이 되었다. 당시 조선에서는 명나라의 사서에 이성계의 부친 이자춘李子春이 고려시대 권신 이인임李仁任으로 잘못 기재된 것을 바로잡기 위해 사신을 파견하였는데 홍순언도 사신 일행에 포함되었고, 그녀와 석성의 도움으로 문제를 해결할 수 있었다. 이후 임진왜란 때에도 홍순언은 명나라의 지원병을 요청하는 사신 일행이 되었고, 다시금 그녀와 석성의 도움을 받아 명군의 파병을 이끌어낼 수 있었다는 것이 설화의 주요 내용이다.

일제강점기 황금정은 본정과 명치정 등과 함께 경성의 번화가였다. 일제는 이 일대를 자신들의 상권 중심지로 키워나갔다. 그들은 황금정을 포함한 남촌을 근거지로 삼아 경성 제일의 번화가임을 자랑하였다. 황금정에는 각종 증권회사들이 집중해 있었다. 대표적으로 경성취인소가 1920년 황금정2정목에 있었다. 경제적 침탈을 위해 일제가 세웠던 조선식산은행과 동양척식회사도 이곳에 위치했다. 이외에도 불이흥업不二興業주식회사, 미쓰이[三井]물산 경성지점, 스미토모[住友] 경성지점, 야마이치[山一]증권, 조선석유주식회사, 일본자동차 경성출장소 등이 있었다.

또한 황금정은 청계천 남쪽으로 동서로 길게 늘어선 모습을 하고 있었다. 때문에 각 정목별로 성격이 조금씩 달랐다. 남대문통과 인접한 1정목~4정목 주변의 경우 주로 상업시설이 많았다. 반면에 5~7정목 쪽으로 가면 훈련원공원과 경성운동장과 같은 체육공간 그리고 경성사범학교와 같은 교육시설, 부민병원과 같은 의료시설도 들어서 있었다. 오늘날 지하철 2호선 노선을 기준으로 본다면 앞쪽은 2호선 을지로입구역 주변이 되고, 뒤쪽은 동대문역사문화공원역 주변에 해당이 된다.

오늘날 동대문역사문화공원 주변에는 동대문디자인플라자(DDP)가 있다. 이곳은 과거 동대문운동장이자 일제강점기 경성운동장이 있던 곳이다. 경성운동장은 1925년 5월 일본 황태자의 결혼식을 기념하는 것을 목적으로 지어지기 시작하여 이듬해 3월 준공하였다. 광복과 함께 서울운동장으로 명칭이 바뀌었고, 1986년 아시안게임과 1988년 서울올림픽을 치르기 위해 잠실에 종합운동장이 건설되면서 동대문운동장으로 다시금 명칭이 바뀌었다. 이후 동대문디자인플라자 건립이 추진되면서 2007년 12월 18일부터 철거를 시작하여 폐장되었다. 부지에는 동대문역사문화공원이 2009년 10월 27일 개장하였으며, 동대문디자인플라자가 2014년 3월 개장하였다.

한편 황금정에 있던 동양척식주식회사는 1926년 12월 나석주 의사가 폭탄을 던진 곳이기도 했다. 그는 1920년까지 국내에서 항일독립운동과 친일부호 처단운동을 하다가 경찰의 체포망이 조여오자 그해 9월 중국 상하이로 건너갔다. 그곳에서 대한민국임시정부 경무국 소속 경호원을 지냈고, 한단군사강습소를 나와 중국군 공병단 소속 장교로도 복무했다. 이후 1926년 5월 김구와 김창숙의 추천으로 의열단에 가입했다. 그가 맡은 목표는 일제의 경제침탈의 핵심 기관인 동양척식회사와 조선식산은행을 폭파시키는 것이었다.

12월 27일 인천을 통해 들어온 그는 다음날 28일 조선일보사에 자신이 쓴 유서를 보냈다. 오후 2시 먼저 남대문통1정목에 있었던 조선식산은행에 들어가 창구에 폭탄을 던졌으나 터지지 않았다. 보관 중에 습기가 찼던 것으로 생각된다. 이어 황금정2정목의 동양척식회사로 들어가 또 다른 폭탄을 던졌다. 하지만 이번에도 폭탄은 터지지 않았다. 결국 그는 그곳을 빠져나와 경찰과 총격전을 벌이던 중 가슴에 총을 쏘고 순국했다.

이 사건은 총독부의 언론통제로 인해 다음해인 1월 14일이 되어서야 신문에 보도될 수 있었다. 당시 《동아일보》는 1927년 1월 14일자 호외를 통해 〈백주돌발白晝突發한 근래 초유의 대사건〉이라는 제목으로 "동척東拓과 식은殖銀에 폭탄을 투척, 권총을 난사하여 일거에 7명을 저격"이라고 보도하였다. 그리고 《조선일보》에 보낸 그의 유서는 의거 21주년이 되는 날이자 광복 후인 1947년 12월 28일에 신문에 실렸다.

> 의열 남아가 희생적으로 단결한 의열단의 일원으로서 왜적의 관·사설기관을 파괴하기 위해 이번에 돌아온 바, 최후의 힘을 진력하여 휴대물품(폭탄)을 동척회사와 식산은행에 선사하고 힘이 남으면 부내府內 본정本町에까지 출두하여 시가화전市街火戰을 하고 자살하기로 맹세하였습니다. 실행 전 동포와 동족에 보고하오니 이를 살펴본 후 본인의 의지를 가급적 귀하의 신문에 소개하여 주시기 바랍니다. 본인이 자살하려는 이유는 왜적의 법률은 우리에게 정의를 주려고 만들어놓은 것이 아니기 때문에 불행히 왜경에게 생포되면 본인의 전투력은 다 빼앗긴 후에 심문과 고문을 하면서 세계에 없는 야만적 악행을 줄 것이 명백하므로 그에 불복하겠다는 뜻으로 현장에서 자살하기로 결심한 것입니다.

광복 후 이 일대는 정치의 중심 역할도 하였다. 1950년대 자유당 시기 이기붕의 집무실을 비롯해 제2공화국 장면張勉 총리의 집무실도 을지로1가의 반도호텔 809호에 있었다. 주요 인사들이 수시로 출입하였기 때문에 이른바 '호텔정치'로 유명하였다. 한편 6·25전쟁으로 완전히 폐허가 된 을지로 지역은 1960년대부터 시작된 도시개발과 건축 붐에 따라 주택 수리에 관련된 목재, 가구, 철물, 페인트, 도배, 공구 등의 건축자재상들이 몰려들었다. 또한 1970년대 중반부터 시작된 강남 개발붐과 1990년 초의 신도시 건축과 함께 일었던 건물 신축의 붐을 타고 호황을 누리면서 을지로4가에는 건축자재를 취급하는 상가가 형성되었다. 주방용가구, 조명과 타일도기, 가구, 인테리어 전문점이 많이 들어섰다. 또한 오늘날 을지로는 각종 대형 빌딩들이 밀집해 있는 곳으로서 프레지던트호텔, 롯데호텔, 한국전력, SKT 타워, 하나은행, 기업은행 등을 비롯해 국립의료원과 동대문디자인플라자가 들어섰다.

경성주식현물취인소

京城株式現物取引所

Keijo Stock Exchange

경성주식현물취인소는 1920년 5월 설립되었다. 당시 경성에서는 주식의 발행 및 증권시장이 형성되기는 하였으나, 조직적인 형태의 증권 거래소가 설립된 것은 경성주식현물취인소가 처음이다. 1931년 〈조선취인소령〉에 따라 인천미두취인소와 합병되어 조선취인소로 재탄생하였다. 광복 이후 대한증권 거래소로 사용되기도 하였다.

경성주식현물취인소의 정식 명칭은 '경성주식현물취인시장'京城株式現物取引市場으로 1920년 5월에 개설된 한국 최초의 증권 거래시장이었다. 우리나라에서 처음 주식이 발행된 것은 1899년에 상업은행의 전신인 천일은행이 주식회사로 설립된 때였다. 채권은 1905년 대한제국 정부가 〈국고증권조례國庫證券條例〉를 공포하고 국채를 발행한 것이 처음이다. 그러나 조직적으로 증권시장이 형성된 것은 국권 피탈 직후인 1911년에 일본인을 주축으로 유가증권 현물위탁 매매업 조합이 결성되면서부터라고 할 수 있다. 이후 1920년 5월 28일 경성주식현물취인시장이 설립되어 최초로 조직적인 형태의 증권 거래소가 탄생했다.

우리나라에 주식회사 제도가 처음 소개된 것은 1880년 유길준, 김옥균 등의 개화파 인사들을 통해서였다. 김옥균은 1883년《한성순보》에 기고한 〈회사설〉이라는 글에서 서양 자본주의에 대한 이해를 바탕으로 주식회사 제도 덕분에 서양은 조선이나 청나라보다 부강해졌다고 말하고 있다. 김옥균은 조선도 주식회사를 도입해 철도, 선박, 토지개량회사를 만들자고 주장하였고 주식을 어떻게 모집하고 매매하는지 주식회사들의 특징에 대하여 설명하고 있다.

이후 우리나라의 주식시장의 첫 시작은 1896년 설립된 최초의 쌀시장 인천미두취인소였다. 인천미두취인소는 일본 상인들이 곡물 거래의 주도권을 장악하기 위해 설립한 것이었다. 일본 상인들은 쌀 거래소를 만들고 곡물의 가격을 이용하여 이득을 얻으려는 투기적인 의도가 있었다. 당시 일본 상인들은 국내의 여러 조합단체로 인해 유통시장에서 마음대로 활동할 수 없었다. 이를 해결하기 위해 인천미두취인소 설립을 추진하였고 허가 과정에서 조선 정부를 배제한 채 인천항에 있던 일본영사관의 독단적인 결정으로 일본인 거주지에 설립되었다. 인천미두취인소에서의 거래는 오늘날 증권 거래와 거의 비슷했다. 증권 거래가 채권, 주식 등의 유가증권을 대상으로 한다면 미두취인소는 현미 등 곡물을 대상으로 했다는 것이 다를 뿐이다. 시장은 하루에 전장과 후장으로 2번씩 열렸고 매매 단위는 미곡 100석, 대두 50석으로 하여 호가는 모두

1석의 가격으로 했다. 2석당 1원의 보증금을 예치하면 누구나 거래를 할 수 있었고 현물 없이 보증금만 가지고 거래가 성립되었으며 아무 때나 처분할 수 있도록 했다. 당시 조선인들이 쌀을 투기 수단으로 삼는 것을 주저할 때 미두 시장을 장악한 일본인들은 막대한 이익을 챙겼다.

이에 따라 인천미두취인소는 투기와 가격 조작이라는 문제로 많은 폐해를 낳았다. 성공한 투기꾼도 몇몇 있었지만, 한국인 지주와 중소기업이 일확천금을 꿈꾸고 인천항에 미곡을 싣고 와서 매매차익을 노리고 두자했다가 손해를 보는 예가 허다했다. 이렇게 인천미두소가 지속적으로 폐단을 낳게 되자 1931년 조선총독부는 〈조선취인소령朝鮮取引所令〉을 시행하여 인천미두취인소를 경성현물주식취인시장과 합병하여 조선취인소로 재탄생했다. 이후 태평양전쟁 말기의 1943년부터 1945년 패전할 때까지는 명칭이 '조선증권취인소'로 바뀌었다.

1930년대에 들어오면 조선취인소에는 수십 개의 기업이 상장되어 있었으며 대부분 일본인이 경영했지만 조선 경제에도 영향을 주었다. 취인소에는 증권 거래를 대행해주는 브로커 중에 조선인도 상당수 있었고 1933년 설립된 금이증권과 1934년 설립된 동아증권은 모두 조선인 소유로서 거래실적 1, 2위를 도맡아 하기도 했다. 일제강점기 당시 발행된 《동아일보》 경제면에는 〈오늘의 시황〉이라는 코너가 있고 전날의 주식 거래 현황과 쌀, 면, 고무 등 주요 상품의 현황이 요약 설명되어 있으며, 가장 거래가 많이 되는 종목은 주식이었다. 조선인들이 보는 신문에 매일같이 국내외 경제 소식과 취인소의 시황을 실었다는 것은 당시 조선인들 사이에서 주식 거래가 상당히 이루어지고 있었다는 것을 짐작할 수 있다. 또한 경제 관련 지식이 부족한 독자들을 위해서는 따로 정기 코너를 만들어 주식시장의 원리를 설명하고 각종 용어를 설명해주기도 했다.

당시 조선의 '주식왕'으로 알려진 인물로 조준호가 있다. 조준호는 대한제국 고위 관료 출신 갑부 조중정의 맏아들로 태어나 1925년 도쿄 주오대 법학과를 졸업한 후 《시대일보》에 1만

원 을 출자하여 전무로 신문사 경영에 참여했다. 《시대일보》는 이듬해 경영난으로 문을 닫았지만, 조준호는 미국과 브라질을 둘러보고 영국 유학까지 마친 뒤 1929년 사업을 재개했다. 조선월사석유회사(1930)와 동아이발기구 주식회사(1931)를 설립하고 서른 한살이던 1934년에는 동아증권을 세워 주식 거래에 뛰어들었다. 증권사는 설립 첫해부터 조선취인소 최고의 중매점으로 떠올랐다. 조선취인소 거래액 10% 이상이 동아증권을 통해 이뤄졌을 정도다. 조준호는 1936년 한해에만 20만 원(현재 약 200억 원)을 벌어들였으며 주식으로만 300만 원 이상의 부를 축적했다고 한다. 당시 발행되던 월간지 《조광》(1940년 10월)이 "하여간 근자에 와서는 기업계의 '호프'라는 말이 나오면 어쩐지 곧 조준호를 연상하곤 하는 것이 이 방면의 습속이 되어버리도록 그의 이름은 '포퓰라'해졌다"고 쓸 만큼 신흥 기업가로 이름을 날렸다. 조준호는 1957년 명동에 사보이호텔을 세워 지금까지 이어지고 있다. 조준호의 경우는 성공한 사례이지만 주식에 실패한 이들의 자살 기사가 신문에 더러 실리기도 했다. 《조선일보》 1938년 7월 21일자에는 〈주식에 실패코 청년 음독 자살〉이라는 제목의 아래와 같은 기사가 실렸다.

> "만소滿蘇 국경에 풍운이 급박한 요사이 앞길을 잡을 수 없는 주식에 발을 들이밀었다가 실패를 보고 청산가리 자살을 한 청년이 있다. 부내 관철정貫鐵町 남산관南山舘에 하숙하고 있던 황금정2정목 199번지 '마루다마' 주식취인 점원 한수봉(28)군은 19일 오후 3시쯤 하숙으로 돌아와 방에 들어간 채 소식이 없음으로 저녁때 주인이 문을 열어본즉 벌써 절명되어 있었다. 종로서에서 검시한 결과 만소 국경에 급박한 풍운을 반영하야 궤도를 잃은 주식에 손을 댔다가 약 2,000여 원의 손해를 본 것을 비관한 나머지 무서운 독약 청산가리를 마시고 각오의 자살을 한 것인 듯하다고 한다."

1937년 중일전쟁 발발 이후 전황이 불안해지면서 증시가 요동칠 때 잘못 판단한 대가로 목숨까지 잃은 것이다. 이런 사건이 많았던지 언론에서는 일확천금을 꿈꾸며 주식에 뛰어드는 사람들에게 따끔하게 경고하기도 했다.

경성주식현물취인소는 광복 후 대한증권 거래소로 사용되었으며 증권 거래소가 여의도로 이전한 후에는 잡거 건물로 사용되다가 2005년 철거되었다. 1922년 '경성주식현물취인소' 건물로 완공된 지 83년 만이었다. 정부는 근대문화재 등록을 예고했으나 소유자가 전격 철거해 버렸다. 현재 이 자리에는 명동 아르누보센텀오피스텔이 들어서 있다. 한국 자본주의의 시발점이었던 명동의 조선취인소 건물은 사라졌지만, 경기도 일산에 있는 증권예탁결제원에 가면 당시 증권 및 자료를 통하여 우리나라 증권의 역사를 살펴볼 수 있다. 건물 6층에는 증권박물관이 있으며 여기에 조선취인소에서 발행한 연보와 월보 그리고 일제시대 주식회사들의 증권 등 일부 자료들이 전시되어 있다. 연보에는 증권과 기미期米로 나누어 매매현황과 상장표 등이 실려있다. 이번에 수록된 경성주식현물취인소의 사진그림엽서는 모두 3장이다.

그림 1　동양척식주식회사 경성지점 / 조선은행 / 조선식산은행 / 경성주식현물취인소 / 경성우편국

왼쪽부터 시계방향으로 '조선은행', '조선식산은행', '경성주식현물취인소', '경성우편국'이며, 중앙에는 '동양척식주식회사' 경성지점의 사진을 배치한 흑백 사진그림엽서이다.

그림 2 **경성주식현물취인소 / 동양척식주식회사 경성지점 / 경성재판소 / 철도국**

왼쪽부터 시계방향으로 '경성주식현물취인소', '동양척식주식회사' 경성지점, '경성재판소', '철도국'의 사진을 배치한 흑백 사진 그림엽서이다.

그림 3 경성주식현물취인소

'(경성)경성주식현물취인소'라는 제목의 흑백 사진그림엽서이다. 이 건물은 1922년에 완성한 것으로, 위치는 현재 롯데호텔 동쪽 건너편 자리였다. 취인소 앞에는 정구장에서 정구를 치는 사람들의 모습이 보인다. 정구장 둘레에는 철책 울타리가 보인다.

오늘날 〈그림 3〉과 같은 구도에서 바라본 모습

경성주식현물취인소는 1932년 인천미두취인소와 통합하여 조선취인소가 되었다. 광복 이후 1956년부터 대한증권거래소로 사용되었고, 1979년 대한증권거래소가 여의도로 이전하면서 상가로 이용되었다. 2005년 건물이 철거되었고, 복합상가 아르누보 센텀이 신축되어 현재에 이르고 있다.

동양척식주식회사

東洋拓殖株式會社

The Oriental Development Company

동양척식주식회사는 대영제국의 동인도 회사를 모방하여 1908년에 세운 국책회사로 조선의 경제 독점 및 토지, 자원의 수탈을 목적으로 만들어졌다. 광복 이후 미군정청의 신한공사로 사용되다가 6·25전쟁 후에는 내무부 청사가 되었다. 1970년 외환은행에서 구입한 뒤 1972년 철거되었다.

동양척식주식회사는 을사늑약으로 한국통감부가 설치된 3년 후인 1908년 일제가 조선의 경제 독점과 토지 및 자원 수탈을 목적으로 대영제국의 동인도 회사를 모방하여 세운 국책회사이다. 다시 말하자면 일제강점기 식민지 조선에서 조선식산은행과 더불어 조선을 경제적으로 착취하는 대표적인 기관이었다. 통칭 '동척'이라고 한다. '척식'이란 국외의 미개지를 개척하여 자국민의 이주와 정착을 정책적으로 촉진하는 식민지 개척을 의미한다. 일제강점기 동척은 남만주철도주식회사(일명 '만철')와 함께 2대 국책회사이며 '대동아공영권'에서의 식민지정책에 관해서는 특권적인 이권을 보유하고 있었다.

동척은 1908년 12월에 제정된 〈동양척식주식회사법〉(약칭 〈동척법〉)을 근거법으로 하여 일제강점기 조선에서의 일본 농민의 식민사업을 추진하는 것을 목적으로 설립되었다. 동척의 역사는 일본의 식민단체 '동양협회'의 작성안 〈동척설립요강〉으로 거슬러 올라갈 수 있다. 〈동척설립요강〉 작성안은 대만 총독과 육군대신, 문부대신, 내무대신, 대장대신, 외무대신 등을 두루 거쳐 수상까지 역임한 일본 정계의 거물 가츠라 타로[桂太郎]가 중심이 되어 정부 내부에서 심의하기 시작하여 1908년 2월에 '동척창립조사회'가 발족했다. 창립조사회에서는 내각법제국장 오카노 게이지로[岡野敬次郎], 대장성 이재국장 쇼다 가즈에[勝田主計], 조선총독부 서기관 고다마 히데오[児玉秀雄] 등의 주도 하에서 동척 설립의 기본적인 골격이 만들어졌다. 이러한 움직임에 대하여 당시 한국통감 이토 히로부미[伊藤博文]가 동척의 임원, 출자자에 한국인을 넣을 것을 취지로 하는 대한제국정부와의 공동출자안을 창립조사회에 알렸다. 이에 따라 동척은 한국 왕실과 한일 민간의 반관반민 자본의 공동출자에 의하여 설립되고 초대 총재로는 육군 중장 우사가와 가즈마사[宇佐川一正]가 부임했다. 동척 설립 당시 자본금은 20만 주로 1,000만 원이었다. 설립위원회에는 미쓰비시 합자회사은행 총재 도요가와 료헤이[豊川良平], 간사이은행 총재 나카노 다케나카[中野武営] 그리고 한국인으로 한성은행 총무장 한상룡이 참가하여 식민지 투자를 전개하는 첨

병이 되었다. 동척은 일본 정부로부터 창립부터 8년간 매년 30만 엔의 보조금을 교부받고 사채社債를 보증받는 국책회사였다.

동척은 설립 초기 한성(병합 후에는 경성으로 개명)에 본점을 두고, 조선의 토지 5,700정보를 소유하여 일본인의 이민과 개척을 그 사업으로 내걸었다. 동척은 회사 발족 당초부터 정부의 보조금을 받아 토지 매수를 추진하였으며 1910년부터 1918년에 걸친 토지조사사업으로 일본이 매수한 토지 가운데 1만 1,400정보가 현물 출자되었다. 이후 한때 조선 농민의 반발로 토지 매수가 정체하지만 1919년에는 7만 8,000정보(전체 경작 면적의 약 1.8%)를 보유했다. 동척은 매수한 토지로 조선인에게 소작을 부치고 지주 겸 금융업을 중심사업으로 하였으며, 제1차 세계대전 이후에는 조선전력, 동척 광업, 조선 철도, 동양 축산 등 조선 기업 52사의 주식을 보유하여 명실공히 일본의 조선 경영에 중심이 되었다. 1917년에는 〈동척법〉이 개정되어 본점을 도쿄로 옮기고 동시에 만주, 몽골, 화북, 남양제도까지 그 영업 범위를 확장했다. 동척 주주의 구성은 1920년대 중반부터 미쓰이재벌 총수 이와사키 히사야[岩崎久弥], 야스다재벌 총수 야스다 젠지로[安田善次郎], 오쿠라재벌 총수 오쿠라 기하치로[大倉喜八郎], 미쓰이물산 상무 야마모도 죠타로[山本条太郎] 등이 군소 주주가 되어 경영에 관하면서 주도적인 지위를 차지했다.

동척은 또한 매수한 토지를 기반으로 일본의 소작농 이민자들을 지원하는 동척농업이민 계획을 펼쳐 한국 각지에 정착시키는 사업을 추진하였다. 이에 따라 1917년까지 매년 1,000호가 이주하였으며, 1926년까지는 매년 360호 정도가 이주하여 1926년까지 9,096호가 한국에 정착하였다. 이들은 동척의 지원 아래 직접 경작하기보다는 지주가 되어 조선 민중을 착취하는 일제의 앞잡이가 되었다. 이 밖에도 동척은 소작인들에게 5할이나 되는 고액의 소작료를 요구하거나, 춘궁기에 양곡을 빌려주었다가 2할 이상의 이자를 받는 등 경제 수탈에 앞장서 농민들의 원성을 샀다. 동척의 토지 수탈로 조선의 빈농 약 29만 9,000명이 토지를 상실하고 북간도로 이주

했다. 1926년 12월 나석주 의사는 동척을 조선인의 토지를 수탈하는 원흉으로 간주하고 동척 경성지사와 조선 식산은행 사옥에 폭탄을 투척하여 의거를 일으키기도 하였다. 현재 을지로입구역에서 명동으로 들어가는 하나은행 옆 골목 초입에는 나석주 의사의 동상이 있다. 나석주 의사는 의열단 단원으로 조선식산은행에도 폭탄을 투척한 전력이 있다. 동척에 던진 폭탄은 불발됐고 조선철도회사로 가서 일본인을 저격했다. 동상이 세워진 곳은 일본 경찰에게 쫓기다 나석주 의사가 자결을 시도한 곳이다. 나 의사는 총상을 입고 일본 경찰에 의해 병원으로 후송된 후 심문을 받던 중 사망했다.

동척은 1938년 대만척식과 남양척식을 흡수 합병하고 자본금 5억 엔으로 새로운 국책회사 '남방척식주식회사'를 창립하여 영업지역을 확대했다. 당시 동척은 9개의 지점과 831명의 직원을 두었으며, 조선인 간부로는 부총재 민영기와 이사 한상룡이 있었다. 1941년 태평양전쟁이 시작되자 정부의 남진 정책에 따라 남방 투자로 전환하여 일본제국 해군, 남양청 등 정부 기관의 힘을 등에 업고 '남양 군도 개발계획'에 참여하기도 했다. 패전 당시 동척은 북으로는 소비에트연방 국경부터 남으로는 남방제도에 이르기까지 관련 회사와 자회사가 85사를 넘었으며, 동척이 보유한 토지는 25만 정보에 달하였다.

동척은 일본 패전 후 점령군 사령부의 일본 정부에 대한 〈식민지은행, 외국은행 및 특별 전시戰時 기관의 폐쇄에 관한 각서〉(1945년 9월 30일)에 의거하여 즉시 폐쇄가 결정되었다. 이후 동척은 1945년 11월 10일 미군정에 의해 '신조선회사'로 개편되었다. 동척이 소유했던 부동산 등은 1945년 9월 25일 미군정이 제정한 〈패전국 소속 재산의 동결 및 이전 제한의 건〉과 1945년 12월 6일 제정한 〈조선 내 일본인 재산의 권리 귀속에 관한 건〉에 의해 미군정청 소유가 되었다. 미군정은 동척의 소유 재산을 인수 개편하여 '신조선회사'로 개명했다가 1946년 2월 21일 신한공사新韓公社를 창립했다. 당시 신한공사의 소유 경지는 한국의 전체 논밭 경지의 12.3%에 달했으며 소속된 농가는 58만 7,974호로 전체 농가 27.1%였다. 신한공사는 1948년 3월 22일 중앙토지행정처로 바뀌고 미군정에서 소유한 토지는 토지개혁을 통해 한국 농민들에게 귀속되었다.

서울에 있던 동척 경성지점 건물은 6·25전쟁 이후 내무부 청사로 사용하다가, 1970년 외환은행에서 구입한 후 1972년에 철거되고 1981년 1월 30일에 본점을 신축하였다. 현재 KEB하나은행 을지로2가 본점 건물이 옛 동척 경성지점 건물이 있던 곳이다. 동척 경성지점이 들어오기 전에 이 자리에는 제중원 병원이 있었다. 동척은 경성지사 이외에도 부산, 대선, 목포에 동척지점을 두고 있었으며, 그 건물은 현재 문화유산으로 보존되고 있다. 동척 부산지점 건물은 광복과 더불어 부산 주재 미국문화원과 주부산 미국 영사관으로 쓰이다가 1982년 3월 18일 부산 미국문화원 방화사건이 발생하면서 1996년 미정부에 의해 폐쇄되고 2층의 영사관도 철수했다. 이후 1999년 4월 30일 70년 만에 한국에 완전히 반환되어 약 3년간의 내부 공사를 거쳐 2003년 7월 3일 총 200여 점의 유물과 2개의 전시실을 갖춘 부산근대역사관으로 정식 개관하였다.

동척 대전지점 건물은 1922년 건립되어 현재도 대전 구도심에 남아있으며, 국가등록문화유산으로 지정되어 있다. 광복 후 대전체신청, 대전전신전화국으로 사용되었으며, 1984년 민간에 매각되어 상업용 건물로 바뀌었다. 상업시설로 개조되면서 외관과 내부가 많이 변형되었지만, 일제강점기 대전을 상징하는 역사적인 근대 건물로 가치가 인정되어 2004년 9월 대한민국 문화재청이 등록문화재로 지정하였다. 동척 목포지점의 건물은 1920년경에 세운 것으로 일제강점기를 잊지 않기 위해 사적지로 삼아야 한다는 의견에 따라 1999년 전라남도 기념물 174호로 지정되었으며, 이후 목포근대역사관으로 개장하여 근대사진전을 열었다. 이번에 수록된 동양척식주식회사의 사진그림엽서는 모두 16장이다.

그림 1 동양척식주식회사

'(경성명소)동양척식주식회사'라는 제목의 흑백 사진그림엽서이다. 앞에는 한복을 입은 사람과 양복을 입은 사람들이 왕래하고 있다.

오늘날 〈그림 1〉과 같은 구도에서 바라본 모습

동양척식주식회사 경성지점은 광복 이후 미군정 산하 신한공사 본관으로 이용되다가 정부 수립 이후에는 국방부 사무실이 되었다. 현재의 건물은 1980년에 준공된 것이다.

그림 2　경성주식현물취인소 / 동양척식회사 경성지점 / 경성재판소 / 철도국

왼쪽부터 시계방향으로 '경성주식현물취인소', '동양척식회사' 경성지점, '경성재판소', '철도국'의 사진을 담은 흑백 사진그림엽서이다.

(29) The Toyo takushoku Kwaisha, Keijo.　　　社會殖拓洋東城京　(所名鮮朝)

그림 3　동양척식주식회사

'(조선명소)동양척식주식회사'라는 제목의 컬러 사진그림엽서이다. 현관에 중절모를 쓰고 양복을 입은 사람들이 걸어 나오고 있으며, 앞의 큰길에는 짐을 가득 실은 인부가 수레를 끌고 가는 모습이 보인다.

그림 4　경성 황금정 18은행 앞에서 동양척식회사를 바라보다

'(조선명소)경성 황금정 18은행 앞에서 동양척식회사를 바라보다'라는 제목의 컬러 사진그림엽서이다. 지금의 종각역에서 을지로입구역 방면을 보면서 찍었다. 오른쪽의 아치형 지붕이 동척의 건물이다. 거리에는 전차가 다니고, 말을 타고 가는 사람, 양산을 쓰고 길을 가는 사람, 무리를 지어 가는 아동들과 인력거가 보이며 매우 번화한 모습을 보이고 있다. 전신주가 즐비하게 늘어서 있는 것도 이색적이다.

그림 5 동양척식주식회사

〈그림 3〉과 동일한 컬러 사진그림엽서이다.

그림 6 경성 황금정 18은행 앞에서 동양척식회사를 바라보다

〈그림 4〉와 동일한 컬러 사진그림엽서이다.

그림 7 경성 동양척식주식회사

'(조선명소)경성 동양척식주식회사'라는 제목의 흑백 사진그림엽서이다. 전차 선로가 선명하게 보이며 왼쪽 끝에는 전차가 지나가고 있다.

그림 8　경성 동양척식주식회사

'(조선명소)경성 동양척식주식회사'라는 제목의 흑백 사진그림엽서이다.

그림 9　경성 동양척식주식회사

'(조선명소)경성 동양척식주식회사'라는 제목의 흑백 사진그림엽서이다.

그림 10 경성 동양척식주식회사

〈그림 9〉와 동일한 흑백 사진그림엽서이다.

그림 11 경성 동양척식주식회사

'(조선명소)경성 동양척식주식회사'라는 제목의 컬러 사진그림엽서이다.

그림 12 경성 황금정 18은행 앞에서 동양척식회사를 바라보다

〈그림 4〉와 동일한 컬러 사진그림엽서이지만 명암이 약간 다르다.

그림 13 경성 황금정 18은행 앞에서 동양척식회사를 바라보다

〈그림 12〉와 동일한 컬러 사진그림엽서이다.

그림 14 경성 황금정 18은행 앞에서 동양척식회사를 바라보다

〈그림 4〉와 동일한 컬러 사진그림엽서이지만 명암이 약간 다르다.

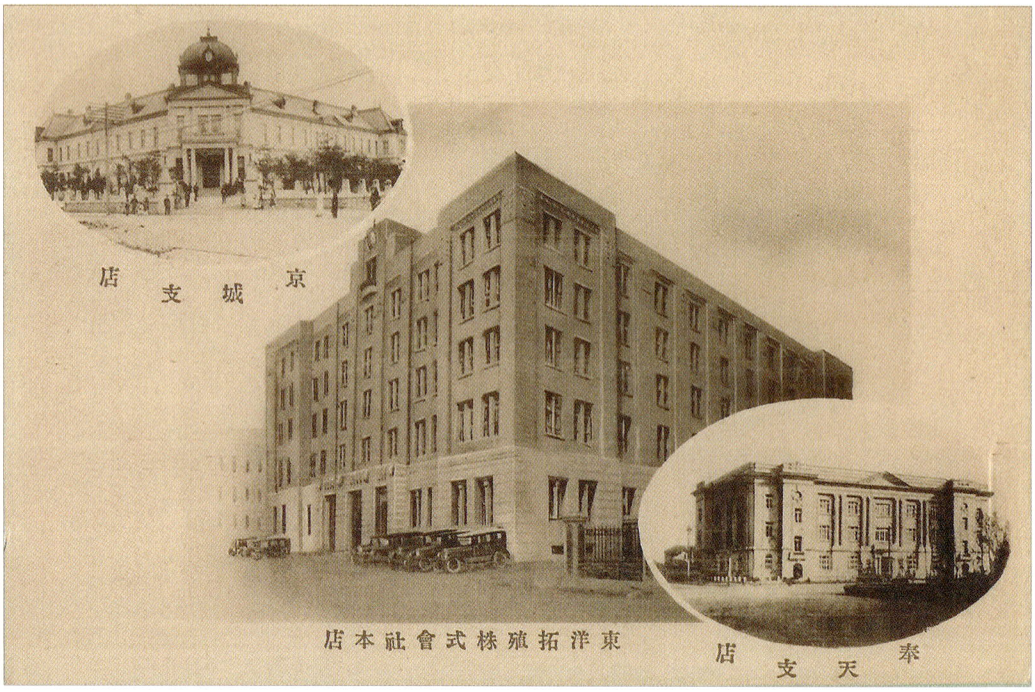

그림 15 경성 지점 / 동양척식주식회사 본점 / 봉천지점

왼쪽 위는 동양척식주식회사 경성지점, 중간에는 도쿄에 있는 동양척식주식회사 본점, 아래에는 동양척식주식회사 봉천지점의 사진을 배치한 흑백 사진그림엽서이다.

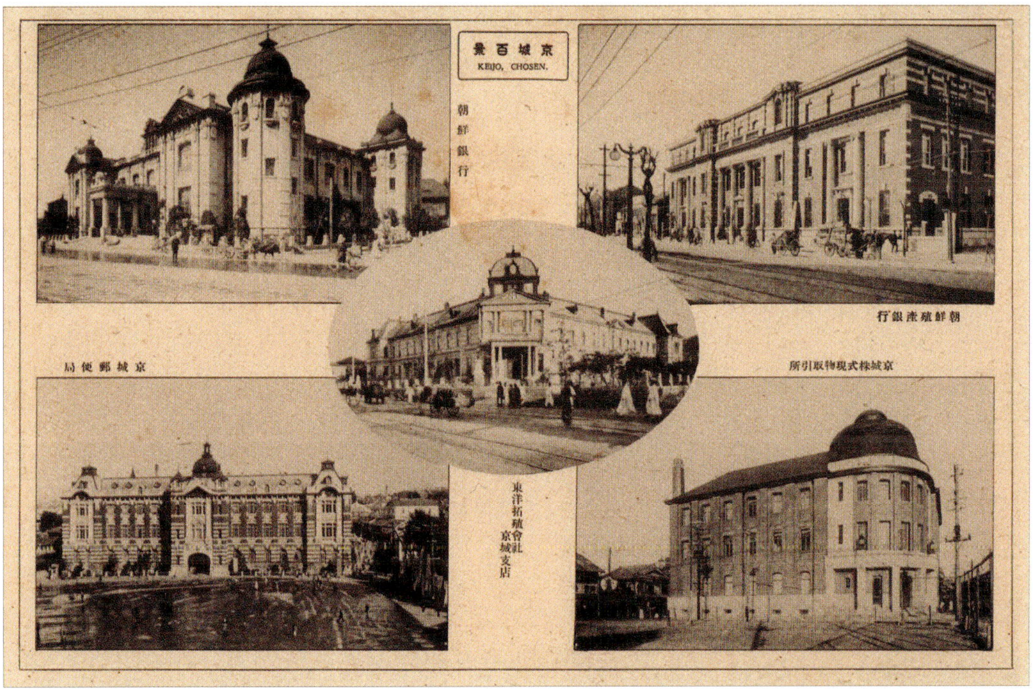

그림 16 **동양척식주식회사 경성지점 / 조선은행 / 조선식산은행 / 경성주식현물취인소 / 경성우편국**

왼쪽 아래부터 시계방향으로 경성우편국, 조선은행, 조선식산은행, 경성주식현물취인소이며, 중앙에는 동양척식주식회사 경성지점의 사진을 배치한 흑백 사진그림엽서이다.

조선식산은행

朝鮮殖産銀行

Industrial Bank of Joseon

조선식산은행은 1918년 조선총독부의 경제정책을 뒷받침하기 위해 설립되었다. 일본의 자본 유입을 목적으로 하였으며, 산미증식계획의 자본 공급을 담당하는 핵심적 금융기관이었다. 광복 이후 미군정청에 접수되었다가 1948년 대한민국 정부로 이관되었다. 1950년 상호가 한국식산은행으로 변경되었다가 1954년 해산되었다.

한국에서는 통감부 시기인 1906년 3월에 칙령 제13호로 〈농공은행조례〉가 공포된 이후, 산업자금의 공급을 주목적으로 하는 은행이 설립되기 시작했다. 농공은행은 대한제국 정부가 자본을 투자하고 지원·감독하는 특수은행으로서, 주주의 자격을 영업 구역 안에 1년 이상 거주한 농공업자로 제한했기 때문에 주주와 중역은 한국인이었지만, 경영 실권은 대한제국의 재정 및 금융을 장악한 일본인들이 행사했다. 또한 화폐정리사업의 일환으로 구화폐를 일본은행권의 신화폐와 등가로 교환하고 상인들에게는 신화폐로 자금을 대부하는 등, 농공은행은 주로 한국의 유통을 재편하여 일본의 경제권에 부속시키는 상업금융기관의 역할을 했다.

이후 조선총독부는 경제정책을 뒷받침하기 위해 1918년 10월에 대한제국 말기에 설립된 농공은행 6개를 강제 합병하여 조선식산은행을 설립했다. 설립 당시 일본은 제1차 세계대전을 계기로 자본주의화와 도시화가 급속히 진전됨에 따라 유휴 자본이 증대하는 한편 식량 위기가 초래되자, 조선의 농업을 개발하여 일본에 식량을 공급하고자 했다. 때마침 1918년 토지조사사업의 완결로 토지에 대한 배타적 소유권도 보장되었다. 이에 조선총독부는 1918년 6월 〈조선식산은행령〉을 공포하고, 10월에 기존의 농공은행들을 강제 합병함으로써, 일본의 자본을 적극적으로 도입하여 농업에 투자할 거대 은행으로 식산은행을 설립했다. 은행장과 이사는 총독이 임명하고, 농공은행의 조선인 중역들은 유명무실한 상담역으로 물러났으며, 주주의 거주지 요건을 폐지하여 새로운 주주는 대개 일본에서 모집되었다. 또한 산업에 투자할 장기 자금을 확보하기 위해 납입자본금의 10~15배까지 채권을 발행할 수 있는 특권이 부여되었으며, 채권의 90% 가량은 일본에서 소화되었다.

조선총독부는 이처럼 일본 자본을 도입할 통로가 마련되자, 1920년부터 수리 시설 확충과 개간 등 대규모 자본을 필요로 하는 산미증식계획을 1920년부터 실시하였다. 조선식산은행은 그 핵심적 금융기관으로서, 주로 채권으로 확보한 일본 측의 자본을 조선의 산업 기관 및 개인에게 대부하고, 그로부터 회수한 원금과 이자를 투자자에게 돌려주는 자금의 유입 및 유출 통로가 되었다. 이에 따라 식산은행의 농업 대출금도 대폭 증가하여 1923년부터는 상업 대출금을 초과했으며, 1924년 이후에는 그 금액이 조선 내 각종 금융기관의 농업 투자 총액 중 절반 이상을 차지하게 되었다. 특히 1934년까지 실시된 산미증식계획에서는 자금 공급을 담당하는 기관으로서 중요한 역할을 했다. 1926년부터 시행된 제2차 산미증식계획의 정부 알선 자금도 조선식산은행이 분담했다. 같은 해 나석주 의사가 동양척식주식회사에 이어 두 번째로 폭탄을 투척한 곳이기도 하다

조선식산은행 설립 당시 자본금 1,000만 원이었으나 1920년 2,000만 원으로 증자하였으며, 1939년에는 6,000만 원으로 증자하여 조선총독부의 산업 정책을 금융 면에서 뒷받침하는 핵심 기관으로 성장하면서 일제의 식민지 경제 지배에서 동양척식주식회사와 함께 중요한 축을 이루었다. 조선식산은행 설립 당시에는 조선의 전 금융기관에서 대출 점유율이 20%였지만, 1931년에는 44%로 증가하여 식민지에서 최대의 금융기관이 되었다. 1920~1930년간 납입자본금은 4배, 적립금은 13배, 예금은 4배 늘어났다.

일본은 1937년 7월 중일전쟁이 발발하자 전쟁에 물자와 인력을 총동원하기 위해 전시체제를 구축하고 이를 뒷받침하기 위해 금융 자금의 운용도 통제하였다. 조선총독부도 같은 해 10월에 〈임시자금조정법 시행규칙〉을 공포하여 금융기관이나 회사가 조선에서 설비를 신설·확장·개량하기 위해 자금을 융통하는 것을 제한하되, 항공기·금속기계·병기 제조 공업, 제철업, 산금産金·석탄·석유 광업 등 이른바 '시국 산업'은 인가를 거쳐 제한 외 증자 및 사채 발행을 할 수 있게 했다. 또한 1930년대에 식산은행은 사채 및 대출, 직원 파견 등을 통해 특정 기업의 설립 및 인수에 직접 참여하여 '식산은행계'의 기업 집단을 형성했다. 이 계열의 주요 회사로는 성업사, 조선저축은행, 조선신탁, 조선 화재 해상 보험, 조선 우선朝鮮郵船, 한국 수력 전기, 국산 자동

차 회사, 조선 개척, 불이흥업不二興業, 일본 고주파 중공업 등이었다.

이러한 흐름 속에서 농업 금융 활동에 주력하던 조선식산은행은 중일전쟁 발발 이후부터 약 8년간 전시체제 속에서 채권 발행과 강제 저축을 통해 조선의 자금을 흡수하여 일본 정부와 전쟁 수행을 위한 군수산업 부문에 이를 공급하는 역할을 담당했다. 식산은행은 1940년 3월에 특별금융과를 신설해 군수 관련 광공업 기업체에 대한 자금 융통을 전담하였으며, 1942년에는 일본에 설치된 전시 금융 금고의 융자업무 대리기관으로 지정되는 등, 조선에서 군수 자금을 공급하는 기관으로 법제화되었다. 조선총독부는 1942년 9월 〈조선식산은행령〉을 개정하여 식산은행의 자금 운용에 대한 제한을 오히려 완화하고 대리 업무의 범위도 확장하였다. 그 결과 전시체제기 식산은행의 대출에서 공업과 광업의 비중이 증가하는 반면 농업과 상업의 비중은 저하되어 광공업이 농업을 능가하였다. 이 과정에서 광공업 대출액은 1936년 8,032만 원에서 1942년 4억 4,775만 원으로 급증했다. 그 결과 식산은행의 산업별 대출 구성은 같은 기간 농업 부문은 48%에서 19%로, 공업은 12.5%에서 35.8%로 큰 변화를 보이게 된다. 이처럼 조선식산은행은 1945년 8월 일본이 패전할 때까지 조선총독부의 경제정책을 뒷받침하는 중추 금융기관의 역할을 충실히 수행했다.

1945년 8월 15일 일제의 패전 이후 각 은행에는 예금을 인출하려는 사람들이 쇄도했는데, 은행은 비축된 현금이 고갈되자 방침을 바꾸어 17일부터 지불을 억제하기 시작했다. 이처럼 현금이 급속하게 고갈된 것은 상당 기간 지위를 유지한 조선총독부가 자금을 유용한 결과이기도 했다. 조선총독부는 각종 사업비를 지불하고 관리의 봉급 및 퇴직금을 송금하는 한편, 거액의 기밀비와 수당 등을 유용했으며, 한반도에 주둔한 일본군도 부대원들에게 귀환에 필요한 여비를 지급했다. 은행 역시 거래처에 자금을 대출해주고 은행원들에게도 거액의 퇴각 자금을 챙겨주었다. 이러한 공공 기관의 유용은 곧 민간 사업체에까지 확대되었다. 8월 21일 조선총독부 재무국장은 사업체가 미불 임금 및 퇴직금 자금의 대출을 요청한 경우, 전시 법령인 〈은행 등 자금운용령시행규칙〉에 입각하여 조선은행, 식산은행 등에 융자 명령을 내릴 수 있다고 해석한 것이다. 조선총독부는 각 사업체의 상환 능력도 제대로 심사하지 않고 융자를 명령했으며, 식산은행은 군수 산업체에 대출해 준 융자를 회수하는 대신 조선은행에서 비용을 차입했다. 조선인 직원들도 이러한 자금 유용의 혜택을 받고 사태를 방관했다. 조선총독부는 조선인에게 비용을 지급하지 않으면 일본인의 생명이 위태로운 상황이었기 때문에 어쩔 수 없었다는 핑계로 미군정을 설득했으며, 이에 대하여 미군정도 융자 명령의 책임을 추궁하지 않았다.

조선식산은행은 1945년 일본 패전 후 재조선 미국 육군사령부 군정청에 접수되었다가 1948년 8월 대한민국 정부로 이관되었다. 이후 1950년 2월에 상호가 한국식산은행으로 변경됐으며, 1954년 4월에는 새로 설립된 한국산업은행으로 모든 업무를 이관하고 주요 자산을 양도한 뒤 대통령령 제859호 〈한국식산은행의 청산에 관한 건〉의 제2조에 따라 해산되었다. 조선식산은행의 위치는 현재 서울특별시 중구 을지로1가로 지금의 롯데백화점 본점이 있는 자리였다. 이번에 수록된 조선식산은행의 사진그림엽서는 모두 9장이다.

그림 1 경성야구장 / 조선식산은행

'쾌청한 거리'라는 제목의 흑백 사진그림엽서이다. 왼쪽에 경성야구장, 오른쪽에 조선식산은행의 사진을 배치하였다. 경성야구장에 대해서는 "완비된 스포츠의 전당인 경성운동장의 일부, 팬이 열광하는 야구장", 조선식산은행에 대해서는 "조선 금융계에 무게를 주는 식산은행의 당당한 위용으로 가두를 압도하고 서 있다"라는 설명이 있다. 스탬프에는 '경성관광기념'이라는 글이 적혀 있다. 경성야구장은 1925년 경성운동장과 함께 개장되었다. 광복 후 서울운동장 야구장으로 개칭되어 1959년 재개장되었다. 서울운동장 야구장은 잠실야구장이 완공되면서 1985년 동대문야구장으로 개칭되었으며, 2008년 해체, 철거된 이 자리에 동대문 역사문화공원이 들어서 있다.

그림 2 식산은행 / 조선은행 / 경성우편국

왼쪽부터 시계방향으로 '식산은행', '조선은행', '경성우편국'의 사진이 배치된 흑백 사진그림엽서이다. 3장의 사진 모두 거리가 넓고 사람들이 한가로이 거니는 모습을 보이고 있다.

그림 3 경성 남대문2정목 식산은행 앞에서 종로 방향을 바라보다

'(조선명소)경성 남대문2정목 식산은행 앞에서 종로 방향을 바라보다'라는 제목의 컬러 사진그림엽서이다. 식산은행의 바로 뒤에 북악산이 보이고, 그 뒤로 멀리 북한산도 선명하게 보인다.

그림 4 경성 남대문2정목 식산은행 앞에서 종로 방향을 바라보다

〈그림 3〉과 동일한 사진의 컬러 사진그림엽서이다.

그림 5　경성 남대문2정목 식산은행 앞에서 종로 방향을 바라보다

〈그림 3〉, 〈그림 4〉와 동일한 사진의 컬러 사진그림엽서이다.

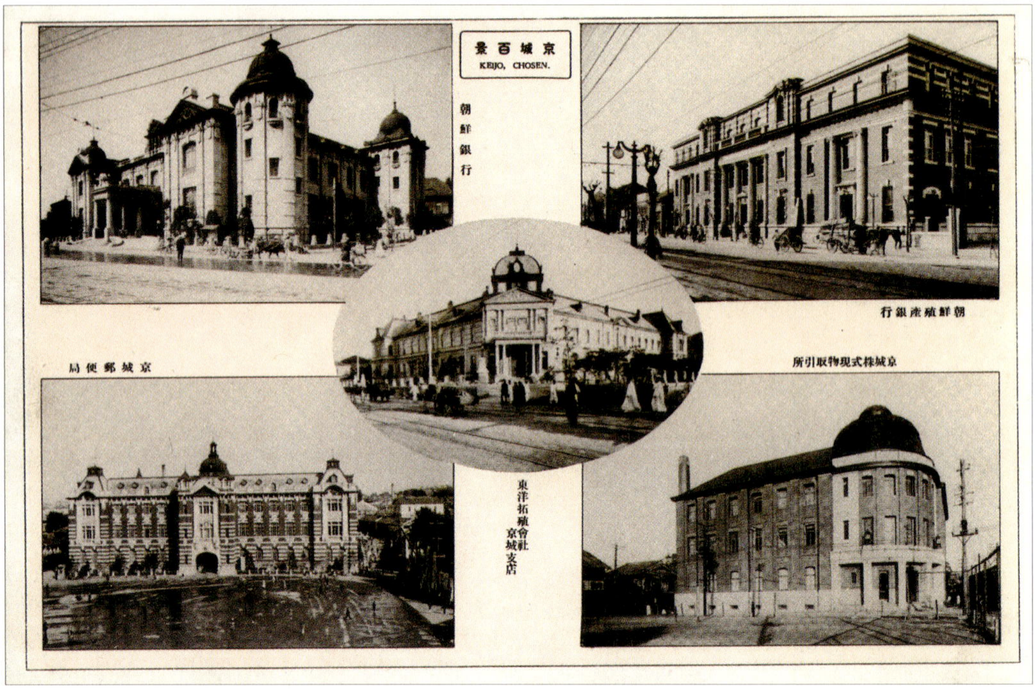

그림 6 **동양척식회사 경성지점 / 조선은행 / 조선식산은행 / 경성주식현물취인소 / 경성우편국**

왼쪽 아래부터 시계방향으로 경성우편국, 조선은행, 조선식산은행, 경성주식현물취인소이며, 중앙에는 동양척식회사 경성지점의 사진을 배치한 흑백 사진그림엽서이다.

그림 7 조선식산은행

'(경성)조선식산은행'이라는 제목의 흑백 사진그림엽서이다. 지금의 명동 입구 쪽에서 을지로입구역 방면을 보면서 조선식산은행의 모습을 담고 있다. 식산은행 왼쪽 모퉁이의 입간판에는 '변호사 하시모토법률사무소'라는 글이 적혀 있고, 그 오른쪽에는 한복을 입은 여성이 명석을 깔고 주저앉아 있다. 도로에는 전차와 전차 선로가 선명하게 보이고, 달구지를 끄는 사람의 모습도 보인다.

오늘날 〈그림 7〉과 동일한 구도에서 바라본 모습

조선식산은행은 광복 이후인 1950년 한국식산은행으로 상호를 변경하였다. 1954년에는 한국산업은행으로 재차 변경되었다. 1983년 롯데 백화점에서 이 부지를 구입하였고, 1984년 기존 건물이 철거되었다. 1988년 해당 부지에 롯데 백화점이 개점하여 현재에 이르고 있다.

그림 8 **조선식산은행**
〈그림 7〉과 동일한 사진의 흑백 사진그림엽서이지만 명암이 약간 다르다.

그림 9 **조선식산은행**
〈그림 8〉과 동일한 사진의 흑백 사진그림엽서이지만 명암이 약간 다르다.

일본제18은행

日本第十八銀行

The 18th Bank

일본제18은행은 1877년 〈국립은행조례〉에 근거하여 설립되었다. 나가사키에 본점을 두고 있었으며, 주로 중국 상해와 조선을 연결하는 중개무역을 실시하면서 큰 이익을 거두었다. 1890년 제1호 지점을 인천에 설립하였는데, 이것은 해외에 세운 최초의 지점이었다.

근대 서울에서 황금정黃金町이라는 지명은 일제강점기인 1914년에 조선총독부의 경성부 구역 획정에 따라 정해졌다. 1914년 4월 1일 경성부 구역 획정에 따라 경기도고시 제7호에 의해 경성부 남부 청녕교동·원정동·은동·직정동과 옹정동·판정동·대인형동·산림동 각 일부를 합쳐서 근방 구리개(동현)와 금속을 의미하는 황금정黃金町(코가네마치)이라는 지명을 붙였다고 한다.

1943년 6월 10일 조선총독부령 제163호에 따라 서울에 구제區制가 실시되면서 경성부 중구 황금정으로 개정되었다. 1945년 광복 이후 통通, 정町, 정목丁目로 끝나는 행정단위는 왜식 동명倭式洞名이라 하여 각각 로路, 동洞, 가街로 개칭되었다. 다만 황금정1~7정목만이 을지로1가에서 7가로 개칭되었다.

그런데 당시 경성에서 황금정이라고 하면 지금의 을지로입구역에서 신세계 백화점으로 이르는 회현동천과 을지로입구역에서 명동역으로 이르는 남산동천에 이르는 일대의 지역을 가리키는 지명이라고 이해해도 무관할 것이다.

일본에서 창립된 18은행은 1877년 9월 〈국립은행조례〉에 근거하여 제18국립은행으로 설립되었다. 1890년 제1호 지점을 조선 인천에 개설하는 등 조선과도 인연이 깊은 은행이었다고 할 수 있다. 1897년 보통은행으로 전환하여 '주식회사 18은행'으로 개칭하여 일본 나가사키를 본점으로 개칭되었다. 1916년에는 블라디보스토크지점을 조선은행에 양도하였고, 1936년에는 조선 내에 있었던 9개의 지점을 조선식산은행으로 양도하였다.

일본 나가사키[長崎]에 본점을 둔 제18은행은 인천과의 무역량이 증대하면서 설치된 것으로 인천지점은 1890년 해외에 세운 최초의 지점이었다. 나가사키의 상인들은 중국 상해에 수입되었던 영국 면직물을 일본으로 다시 수입하여 그것을 한국시장에 또 다시 수출하는 중개무역을 영위함으로써 큰 이익을 거둘 수 있었는데, 이들의 업무가 번창하여 감에 따라 대조선 수출무역의 중심지였던 인천에 지점을 설치하게 된 것이다.

일본은 1870년대에 들어가 메이지 유신 이후 사회 모든 분야에서 정부 주도의 개혁을 진행했다. 화폐제도와 금융제도도 그중 하나였다. 일본정부는 1872년 〈국립은행조례〉를 시행하는데, 이는 1863년 링컨 대통령의 주도로 제정된 미국의 〈은행법〉을 베낀 것이었다. 이 조례에서 'bank'라고 불리는 서양의 상업 금융기관을 '은행銀行'이라고 번역했다. '은화를 취급하는 업자 일행'이라는 뜻이다.

메이지시대 일본의 국립 은행은 이름에 '국립'이란 말이 붙어 있지만, 이는 국가가 설립했다는 뜻이 아니라 '국법에 의해 설립된 은행'이란 뜻이다. 즉, 민간 자본에 의해 설립·경영된 은행이다. 은행이 급속도로 설립돼 10년도 지나지 않아 1880년에는 150개를 넘어섰다. 화폐와 금융제도의 정비를 완료한 일본은 그들의 경험을 조선에 그대로 적용했다.

조선에서 일본의 은행 설립은 표면적으로는 늘어나는 자국 상인 편의와 수출입에 필요한 자금 운용을 내세웠지만 속셈은 경제수탈이었다. 결국 그들은 화폐개혁, 토지몰수, 토지 담보 대출, 미곡 탈취 등 경제 수탈을 위해 조선에 은행을 진출시켰다.

1878년 일본제1은행 부산지점을 시작으로, 1880년에는 원산에, 1883년 11월에는 인천지점이 개설됐다. 현재 인천개항박물관과 인천개항장 근대건축전시관이 위치한 이 길은 개항 이후 혼마치 거리라고 불렀던 은행거리였다. 이곳에 은행 건물들이 더 있었지만 현재 일본 제1은행, 제18은행, 제58은행의 인천지점만 남아있다. 당시 은행 건물들은 서양식 건축기법으로 설계돼 초가와 기와뿐이던 인천에 이색적인 풍경을 만들었다고 한다.

개항 이후 조선에는 광목을 비롯한 많은 면직물이 필요했고, 그 대부분을 상해에서 수입했는데 일단 나가사키를 거쳐 재수입되는 것이 통례였다고 한다. 결국 중국을 상대로 한 면직물 중개무역이 번창하자 많은 일본 상인들이 인천에 정착했으며, 그들의 수출입과 통관 업무를 관장하기 위해 1890년 10월 인천에 지점을 설치했다.

조선총독부는 1918년 7월 제령 제7호로 〈조선식산은행령〉을 공포해 6개 농공은행을 강제로 통합하고, 10월 '조선식산은행朝鮮殖産銀行'을 설립했다. 이는 일제가 식민지 조선의 개발과 수탈에 필요한 자금을 동원하고 배분하기 위해 설립한 특수 은행이었다.

일제강점기 조선에서의 사진그림엽서 발행에는 식민지 조선의 관광을 장려하던 조선총독부 철도국의 역할을 간과할 수 없다. 조선총독부 철도국은 조선의 철도연선을 중심으로 조선 철노여행 안내서를 다수 발행하였으며, 관광지로서의 조선을 널리 소개하고 있다. 더불어 조선총독부철도국은 조선에 관한 사진그림엽서를 대량으로 발행하였다. 이들 엽서에는 조선의 풍경이나 아름다운 자연, 사람들의 생활이 대부분이었다고 한다.

조선에서 발행된 사진그림엽서에는 여러 가지 성격이 담겨있는데, 한국근대사 연구자인 미즈노 나오키[水野直樹]는 조선에서 발행된 사진그림엽서에는 '조선에서 일본인이 본 것, 혹은 보여주고 싶었던 것 나아가 사진그림엽서의 작성자, 일본의 지배당국이 조선에 온 일본인에게 보여주고 싶었던 것의 모습이 표현되어 있다'고 하면서 구체적으로는 "전아典雅하면서 오래된 조선의 풍속과 문화와 당당한 근대적인 일본의 건조물이라는 식민지지배가 낳았고 그것을 지탱해주는 대비적인 이미지"가 그려지고 있다고 지적하고 있다. 이번에 수록된 18은행의 사진그림엽서는 모두 6장이다.

그림 1　경성 황금정통

'(조선명소)경성 황금정통'이라는 제목의 흑백 사진그림엽서이다. 사진 왼쪽으로 18은행 건물이 보이며 오른쪽으로 보이는 동양척식주식회사 방향으로 찍은 사진이다. 지금의 을지로입구역에서 을지로2가 방향으로 찍은 사진으로 보인다. 은행 앞으로 운행되는 전차와 한복을 입고 모자를 쓰거나 수레를 끌며 일하고 있는 조선 사람들과 양복이나 군복, 순사의 제복을 입은 일본인도 다수 보이는 것으로 보아 당시에는 나름대로 번화한 거리라는 느낌을 준다.

그림 2　경성 황금정 18은행에서 동양척식회사를 바라보다

'(조선명소)경성 황금정 18은행에서 동양척식주식회사를 바라보다'라는 제목의 흑백 사진그림엽서이다. 채색을 한 것으로 보이는데 화질이 선명하지 못하다.

오늘날 〈그림 2〉와 같은 구도에서 바라본 모습

오른쪽의 KEB하나은행 건물은 과거 동양척식주식회사 경성지점이 있던 자리이고, 왼쪽의 빌딩건물은 현재 SKT타워로 과거 일본제18은행이 있었던 자리이다.

그림 3 **경성 황금정 18은행 앞에서 동양척식회사를 바라보다**
〈그림 2〉와 동일한 컬러 사진그림엽서이다.

그림 4　경성 황금정 18은행 앞에서 동양척식회사를 바라보다

〈그림 2〉, 〈그림 3〉와 동일한 컬러 사진그림엽서이다. 엽서의 뒷면에는 '경성 히노데 상행'[京城日ノ出商行] 발행이라는 제작처가 기재되어 있다. 참고로 일본의 국제일본문화연구센터(약칭, 日文研)의 〈조선사진엽서 데이터베이스〉의 자료에도 경성 히노데상행 발행의 위와 동일한 구도의 흑백 사진그림엽서가 있다.

(24) View of Koganemachi Street, Keijo. 京城黄金町十八銀行前ヨリ東洋拓殖會社ヲ望ム (朝鮮名所)

그림 5 경성 황금정 18은행 앞에서 동양척식회사를 바라보다

〈그림 2〉, 〈그림 3〉, 〈그림 4〉와 동일한 컬러 사진그림엽서이다. 봉투가 남아 있는데 '최신식 2색판 조선경성명소그림엽서'라는 제목이 붙어 있다. 흑백사진에 채색을 입혔다는 것을 알 수 있는데, 동일한 구도의 흑백사진엽서와 비교해 보면 화질이 상당히 흐릿한 것을 알 수 있다. 제작과정에서 문제가 있었던 것인지 정확하게는 알 수가 없다.

왼편으로 18은행이 있고 오른편으로 동양척식주식회사가 보이는 구도로 찍힌 사진으로 수십 명이 넘는 사람들이 활보하고 있는 번화한 거리의 풍경을 볼 수 있다. 자세히 살펴보면 거리를 지나는 전차와 말을 타고 지나가는 제복을 입은 순사(巡査)를 비롯하여 교복을 입은 학생과 거리를 급하게 횡단하는 한복을 입은 소녀, 전봇대에 기대어 서 있는 양복 입은 남자, 인력거, 자전거를 끌고 가는 사람 우산(혹은 양산)을 쓴 사람 등 수많은 사람들로 북적이는 모습을 확인할 수 있다.

그림 6 경성 황금정 18은행 앞에서 동양척식회사를 바라보다

〈그림 2〉, 〈그림 3〉, 〈그림 4〉, 〈그림 5〉와 동일한 컬러 사진그림엽서이다. 봉투가 남아 있는데 '조선 경성명소 그림엽서/(경성 히노데[日ノ出] 발행)'이라는 제목이 붙어 있다.

경성운동장
京城運動場
Keijo Stadium

경성운동장은 1925년 일본 황태자 결혼기념사업의 일환으로 건립되었다. 축구, 육상, 야구, 테니스, 수영 등의 스포츠를 아우르는 종합경기장으로 광복 이전까지 전조선 종합경기대회, 조선 자전거경기선수권대회 등 각종 대회의 경기장으로 활용되었다. 광복 이후에는 서울운동장, 동대문운동장 등으로 개칭되며 여러 차례 보수가 이루어지다가 2008년 철거가 완료되었다. 2009년 이후 동대문역사문화공원과 동대문디자인플라자가 차례로 만들어졌다.

흔히 동대문운동장으로 알려진 이 운동장은 일제강점기인 1925년에 만들어진 경성운동장이다. 경성운동장은 광희문과 동대문 근처의 부지 2만 2,700평의 토지 위에 건조되었으며 원래 조선 왕조의 하도감下都監과 훈련원練院이 있던 곳이기도 하다. 1925년에 완성되었으며 축구와 육상경기가 가능한 다목적 경기장으로서 당시 동양 최대의 규모였다고 한다.

경성운동장은 1925년 일본 황태자의 결혼식이라는 일본의 최대 경사를 경축하는 뜻을 담는 동시에 "특히 운동을 사랑하시는 동궁전하의 기념사업으로 운동장 설치계획을 세움은 적당한 처치"라는 것이 그 건립의 이유였다.

경성운동장의 부지가 조선시대의 훈련원訓 자리와 성벽을 허물고 남은 공터였던 만큼, 한민족에게는 식민통치의 역사의 한 부분이라 할 수 있다. 이러한 역사의 굴곡이 뒤엉킨 자리에 그것도 일본 황태자의 결혼식을 기념하는 명분으로 건설한 것이 바로 축구장, 육상경기트랙, 야구장, 테니스장, 수영장 등을 아우르는 '동양 최대의 종합경기장' 경성운동장이었다.

경성운동장은 경성부의 토목기사인 오모리大森에 의해 설계되었는데, 그 구조를 보면 총면적 2만 2,700평, 총 공사비 15만 5,000원(약 34억), 총 수용인원 2만 5,800명이며 육상경기장 8,500평(1만 5,000명), 야구장 5,500평(7,000명), 정구장 1,000평(3,900명)의 규모이다.

건립 후 광복 전까지 전조선 종합경기대회, 조선 자전거경기선수권대회 등 각종 대회의 경기장으로 활용되었다. 근대적인 경기장으로는 거의 유일했기 때문이다. 특히, 서울과 평양이 축구로 겨루는 경평축구대회(경평전)의 서울 측 홈구장이기도 했다. 제2회 경평축구대회에는 2만여 명의 관중이 운집하기도 하였다.

경성운동장京城運動場(경성그라운드)이라는 이름으로 개장이 이뤄진 것은 1925년 10월 15일이었고, 정식 준공일은 이듬해인 1926년 3월 31일이었다. 그런데 경성운동장 앞에 꼭 함께 따라붙는 것이 "동궁전하 어성혼 기념東宮殿下御成婚記念"이라는 수식어였다. 여기에서 말하는 '동궁전하'는 나중에 소화천황昭和天皇이 되는 일본 황태자 히로히토[裕仁]를 가리키는 표현이다. 그 당시 섭정궁攝政宮의 노릇을 했던 히로히토 황태자의 결혼식은 1924년 1월 26일에 있었다. 당초 결혼식은 1923년 가을로 예정되었으나, 그해 9월 느닷없는 관동대지진關東大震災의 발생으로 한 차례 연기된 것으로 알려진다.

그러니까 경성운동장의 건립은 이때 황태자의 결혼을 기념하는 행사의 하나로 추진된 것이었다. 이에 관한 결정과정에 대해서는 《경성일보》 1924년 1월 18일자에 수록된 〈어성혼기념御成婚記念의 운동장, 만장일치로 원안가결, 2만 평의 관유지를 팔아 재원으로, 완성은 14년도〉의 기사를 통해 그 내막을 엿볼 수 있다.

경성부에서 기념사업의 하나로 경성운동장의 건설을 추진하려는 계획에 따라 경성운동장의 건립부지는 몇 차례 후보지 검토 끝에 훈련원공원訓練院公園(황금정6~7정목) 일대로 최종 선정되었다.

그러나 도성 안쪽만이 아니라 그 바깥 지역도 포괄하여 경성운동장을 배치하는 설계가 이뤄져 있었으므로 조선 산업물산주식회사朝鮮産業物産株式會社(경기도 고양군 한지면 신당리 220번지 부근) 소유 토지 5,000여 평을 마저 사들인 이후에야 이곳에서 건립공사가 진행되었다. 경성운동장 건립지에는 그 당시의 세계적 추세에 따라 500m 트랙을 갖춘 육상경기장(축구장)과 아울러 야구장과 정구장 시설이 우선 갖춰졌고, 경비조달의 문제로 수영장과 기타 시설은 추후에 보완 건립되었다.

이 지역은 어차피 성벽이 지나는 자리였으므로 싼값으로 공간을 확보하자는 의도와 함께 이러한 자연지형을 그대로 활용하여 관중석으로 만들어내는 식으로 공사가 이뤄졌던 것이다. 그 바람에 이 일대를 가로지르는 성벽의 흔적은 하루아침에 사라지고 이간수문二間水門도 운동장의 바닥에 묻히게 되었으며, 무엇보다도 언덕 지형을 깎아내려 무지막지하게 평탄화平坦化 작업을 진행하였으므로 이로써 성벽이 지나는 구간은 옛 모습을 영영 잃어버리고 말았다.

그런데 경성운동장의 개장식이 열린 1925년 10월 15일은 이 행사만이 아니라 새로 지은 경성역사京城驛舍의 준공과 아울러 남산 중턱에 지은 조선신궁朝鮮神宮의 진좌제鎭座祭가 동시에 벌어지는 날이기도 했다. 이러한 연유로 경성운동장의 개장식은 3일간의 일정으로 벌어지는 제1회 조선신궁경기대회朝鮮神宮競技大會의 입장식入場式과 고스란히 겹쳐졌다.

경성운동장의 내력에서 결코 빼놓을 수 없는 것은 하도감의 존재이다. 훈련원 벌판의 동쪽 끝자락에 자리하고 있던 이곳은 훈련도감訓鍊都監에 속한 분영分營의 하나이며, 경성운동장을 건립할 당시 야구장 일대를 품고 있는 지역이었다.

특히 이곳 하도감에는 일찍이 '교련병대敎鍊兵隊(통칭 별기군)'가 설치되어 있었고, 그로 인해 1882년 임오군란 당시 이곳에 있던 일본인 교관이던 육군공병소위 호리모토 레이조[堀本禮造]가 조선인 병사들에게 끌려나와 '하야시쵸[林町](지금의 산림동)' 부근에서 숨진 일도 있었다. 또한 이때 난병亂兵 진압을 핑계로 청나라 군대를 이끌고 왔던 광동수사제독 오장경廣東水師提督 吳長慶과 그 휘하의 마건충馬建忠, 원세개袁世凱 등이 진을 쳤던 장소가 바로 이곳 하도감이었다.

이러한 연유로 1884년 갑신정변 때는 원세개의 진지로 변한 이곳에 조선 국왕이 3일간이나 보호라는 명분으로 피신했던 적도 있었다. 그러다가 1884년 6월에 느닷없이 오장경이 죽었다는 소식이 전해지자 고종은 그에게 많은 신세를 졌다고 생각한 탓인지 그를 제사지낼 곳을 마련하도록 했는데, 그렇게 만들어진 것이 하도감 자리에 들어선 '정무사靖武祠'였다. 그 이후로도 오랫동안 이 사당은 경성운동장의 동남쪽 모서리에 그대로 남아 있다가 1979년 4월 30일에 한성화교중학漢城華僑中學(연희동 89-1번지) 구내로 옮겨졌다.

1945년 광복이 되자 일본이 서울을 칭하던 경성京城을 서울로 바꾸어, 서울운동장으로 개명하였다. 광복 직후 히로시마 원폭으로 사망했던 의친왕의 아들인 이우 공의 장례식이 거행된 장소이기도 하다.

1962년의 보수공사로 육상경기장을 비롯해 야구장·수영장·배구장·테니스장 등이 국제규모의 운동경기를 치를 수 있는 시설을 갖추었고, 1966년 대대적인 확장공사가 이루어졌는데, 이때 야구장에 야간 조명시설이 마련되었다. 1968년 보수공사로 메인 스타디움인 육상경기장이 오늘날 흔히 기억되는 동대문운동장의 모습을 갖추었다.

1984년에 잠실경기장의 완공과 더불어 서울올림픽대회조직위원회의 결정에 따라 동대문운동장으로 개칭되는 과정이 이어졌다. 그나마 이러한 시기도 잠시 이곳은 오랜 세월의 무게를 이기지 못하고 철거논의가 두드러지게 되있고, 그 와중에 지난 2003년에 청계천 복원공사가 시행되면서 인근 노점상을 위한 대체공간으로 용도 폐기된 동대문구장을 활용하면서 느닷없이 이곳은 '풍물벼룩시장'과 '주차장' 시설로 변신하기도 했다.

그 이후 옛 동대문운동장의 관련 시설 일체는 야간조명탑(나이터) 하나를 남기고 완전 철거되었으며, 이 자리에는 동대문역사문화공원과 동대문디자인플라자(DDP)가 들어선 상태로 바뀌었다. 이 과정에서 땅속에 묻혀 있던 이간수문二間水門이 다시 드러나 원형을 되찾게 되었다는 소식도 전해졌다.

그리고 한양도성이 지나던 곳도 간신히 그 흔적을 표시하는 정도로만 복원이 시도된 바 있다. 하지만 일제가 그들의 황태자가 결혼하는 것을 기념하고 동시에 조선신궁의 완공을 영구히 기리는 체육시설로서 경성운동장을 건립할 때에 언덕 하나를 완전히 들어내 버렸기 때문에 옛 한양도성의 웅장한 모습을 재건하는 것은 당분간 실현되기 어려운 상황이 되고 말았다. 이번에 수록된 경성운동장의 사진그림엽서는 모두 20장이다.

그림 1　경성방송국(JODK) / 경성골프장 / 경성그라운드

왼쪽 아래 시계방향으로 '경성방송국(JODK)', '경성골프장', '경성그라운드'의 사진을 배치한 흑백 사진그림엽서이다.
경성방송국은 서울에 설립되었던 방송국으로서 1927년 2월 16일 호출부호 JODK, 출력 1kW, 주파수 690kHz로 일본인에 의해 서울 정동에 우리나라 최초로 세워졌다.
일제강점기 경성에서의 골프장은 1921년 개장된 효창원 코스를 시작으로 1924년 청량리 코스가 개장되었고 본격적인 골프장으로는 1930년에 개장된 군자리 코스가 있었다. 위 엽서의 골프장 풍경은 1930년에 개장된 군자리 골프장으로 보이는데 지금의 능동 어린이대공원이 있는 자리이다. 1927년 영친왕이 왕실 소유지 30만 평과 건설비를 하사하여 지어졌다고 한다.
그리고 경성그라운드 사진에서는 관중들이 운집한 가운데 트랙에서 체육행사를 벌이고 있는 사진이 실려 있다.
일제강점기의 일본의 식민통치를 스포츠, 방송 등을 통해 미화시키려는 의도가 작용하고 있는 사진 엽서로서 식민통치의 성과를 잘 보여주는 사진그림엽서의 하나라고 할 수 있다. 더불어 '경성백경'시리즈는 일본인들에게 조선관광을 장려하려는 목적에서 발행된 사진그림엽서 사업이었다고 할 수 있다.
사진 좌우로 일본 전통 형식의 시가(詩歌)인 와카[和歌] 2편이 실려 있다. 먼저 오른쪽의 와카의 내용은 "벚꽃이 피는 봄은 꽃구경하는 우이동(牛耳洞) / 자욱한 봄 안개 아아 그 속에서 에이 에이하며 / 순수한 소리 소리가 아아 들리어옵니다 / 마음을 또 재촉하면서 지는 벚꽃"이며, 왼쪽의 와카의 내용은 "새하얀 은세계(銀世界) 바라보며 적막한 남쪽이여 / 주거니 받거니 아아 / 해장 술 한잔 에잇 / 지난밤의 말다툼이여 아아 봄눈이여 / 녹아버려서 다시 기뻐지는 속마음"이라고 쓰여 있다.

그림 2 한강의 스케이트 / 한강변의 발전소 / 경성그라운드

왼쪽 상단부터 시계방향으로 '한강의 스케이트', '한강변의 발전소', '경성그라운드'의 사진을 배치한 흑백 사진그림엽서이다. '경성백경' 시리즈의 하나로서 세 장의 사진과 한시(漢詩) 한 수, 와카[和歌] 2편이 실려 있다. 먼저 왼쪽 상단은 한겨울에 꽁꽁 얼어붙은 한강철교 아래의 한강변에서 어린아이들은 썰매를 타고 학생들이나 일반인들은 스케이트를 즐기고 있는 사진이다. 지금은 한강이 완전히 얼지 않아 불가능하지만, 당시에는 겨울 한강이 완전히 결빙하여 썰매나 스케이트를 즐길 수 있었던 모습을 찾아볼 수 있다. 다음으로 한강변의 발전소는 1929년 6월에 경성전기주식회사가 착공하여 1930년에 준공한 '당인리화력발전소'의 사진으로 보인다. 하단의 사진은 경성그라운드라는 제목으로 경성운동장의 주경기장을 관객석에서 찍은 사진으로 보인다.

이러한 풍경 역시 일본의 식민통치를 스포츠 문화, 화력발전소 등을 통해 미화시키려는 의도가 작용하고 있는 사진그림엽서로서 식민통치의 성과를 잘 보여주는 사진그림엽서의 하나라고 할 수 있다. 각각의 사진 옆에 상단부에 한시 한편과 하단부 좌우로 와카가 한편씩 실려 있다.

먼저 상단부의 한시는 "이토 히로부미[伊藤博文] / 寒烟十里沒平原 차가운 연기 십리 평원에 지고 / 暮色荒涼處處郁 해질 무렵 황량한 곳곳의 마을 / 漢水欲枯秋影老 한강 물이 마르고자하니 가을 그림자가 쇠하고 / 沙光雁影月黃昏 모래사장에 비치는 기러기 그림자 달빛의 황혼"이라고 쓰여 있다.

하단부 오른쪽의 와카는 "바람이 살랑거리는 / 여름 산책은 한강변이요 / 어두운 발밑 아아 / 반딧불이 날아다니는 에잇 / 운치가 넘치는군요 / 아아 하늘을 보면요 / 별들이 아아 / (견우 직녀가) 만나는 은하수"이고 하단부 왼쪽의 와카는 "강변을 따라 쑥쑥 자라있는 무르익은 버드나무 / 바람에 흔들거리는 버드나무 가지들 잎의 푸르름인가"라고 쓰여 있다.

그림 3 남산에서 바라보는 시가지 전경 / 경성그라운드 / 경성방송국(JODK)

좌우에 실려 있는 두 편의 와카[和歌]는 〈그림 1〉과 동일한 내용이다.

그림 4 광대한 경성그라운드

'(경성명소)광대한 경성그라운드'라는 제목이 붙은 경성운동장 주경기장을 본부석을 기준으로 좌측 관객석에서 운동장과 본부석을 찍은 사진이다. 사진 배경으로 멀리 북악과 인왕산이 보이는 것으로 보아 동대문 방향에서 서북쪽 방향으로 촬영한 것으로 보인다. 제목 이외에 다른 설명은 없는데 본부석 뒤편으로 보이는 일본식 기와 건축물이 인상적이다.

그림 5　남산에서 바라보는 시가지 전경 / 경성그라운드 / 경성방송국(JODK)

〈그림 3〉과 동일한 흑백 사진그림엽서이다.

그림 6 남산에서 바라보는 시가지 전경 / 경성그라운드 / 경성방송국(JODK)

〈그림 3〉, 〈그림 5〉와 동일한 흑백 사진그림엽서이다.

그림 7 경성측후소 / 경성그라운드 / 경성방송국 / 경성풀장(=경성수영장)

왼쪽 상단에서 시계방향으로 '경성측후소', '경성그라운드', '경성방송국', '경성풀장(=경성수영장)'의 사진을 배치한 흑백 사진그림엽서이다.

경성측후소 사진은 1932년 11월에 종로구 송월동 1번지 1에 벽돌과 콘크리트로 지어 이전한 신청사로 구 경성측후소로 알려진 건물로 보인다. 경성그라운드 사진은 본부석 우측 관객석에서 운동장과 본부석을 찍은 사진으로서 운동장에서는 야구시합을 하고 있는 모습을 확인할 수 있다. 경성방송국 사진은 측면에서 방송국 앞길을 촬영한 사진으로 몇 명의 인물도 확인할 수 있다. 그리고 경성풀장의 사진은 몇 명의 인물들이 확인되는데 일반인들이 수영을 즐기는 모습이 아니라 아마도 수영선수들이 훈련하는 모습을 담은 것은 아닐까 추정해 본다. 사진 이외의 다른 설명은 없다.

그림 8 경성골프장 / 경성그라운드 / 경성방송국(JODK)
〈그림 1〉과 같은 사진그림엽서이다.

그림 9 한강의 스케이트 / 한강변의 발전소 / 경성그라운드
〈그림 2〉와 같은 사진그림엽서이다.

그림 10　경성그라운드

'(조선명소)경성그라운드'라는 제목의 흑백 사진그림엽서이다. 경성운동장을 찍은 사진인데 〈그림 7〉의 경성그라운드 사진과 유사한 구도로서 본부석 우측 관객석에서 운동장과 본부석을 찍은 사진이다. 사진 배경에 멀리 북악이 잘 보이고 있다.

그림 11　경성그라운드

〈그림 10〉과 동일한 흑백 사진그림엽서이다.

그림 12 경성그라운드
〈그림 10〉, 〈그림 11〉과 동일한 흑백 사진그림엽서이다.

그림 13 경성그라운드
〈그림 10〉, 〈그림 11〉, 〈그리 12〉와 동일한 흑백 사진그림엽서이다.

그림 14 한강의 스케이트 / 한강변의 발전소 / 경성그라운드

〈그림 2〉, 〈그림 9〉와 동일한 흑백 사진그림엽서이다.

그림 15 경성골프장 / 경성그라운드 / 경성방송국(JODK)

〈그림 1〉, 〈그림 8〉과 동일한 사진그림엽서이다.

그림 16 남산에서 바라보는 시가지 전경 / 경성그라운드 / 경성방송국(JODK)

〈그림 3〉, 〈그림 5〉, 〈그림 6〉와 동일한 흑백 사진그림엽서이다.

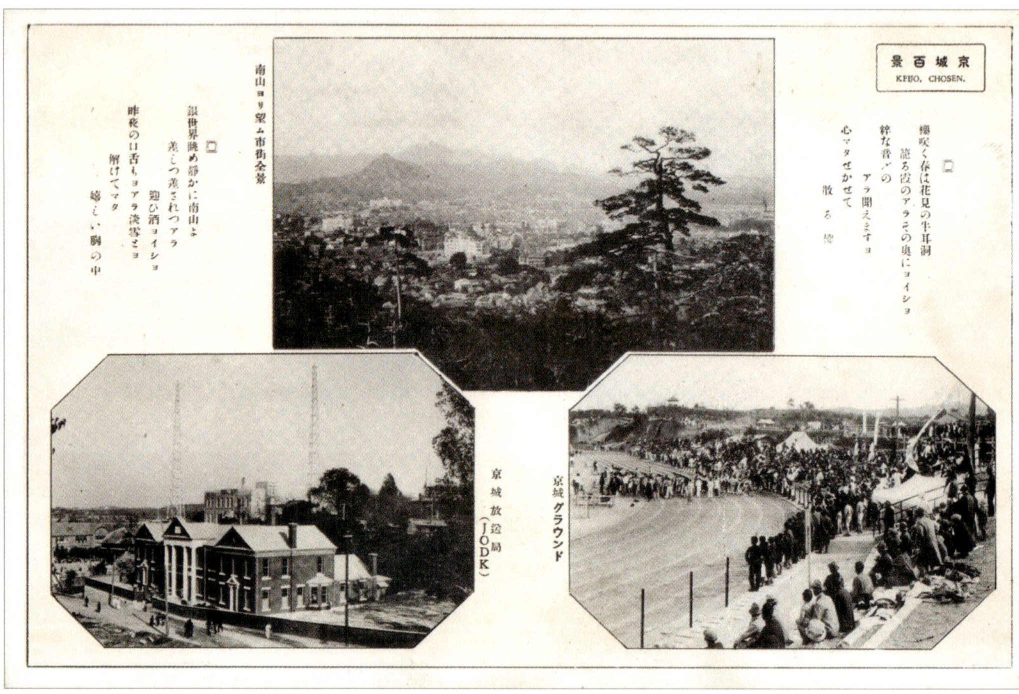

그림 17 남산에서 바라보는 시가지 전경 / 경성그라운드 / 경성방송국(JODK)

그림 18 완비된 경성그라운드의 위관

그림 19 날씨도 안성맞춤

'날씨도 안성맞춤'라는 제목의 흑백 사진그림엽서이다. 수많은 사람들이 경성풀장에서 수영을 즐기는 모습이 확인되는 사진이다. 다이빙시설까지 갖춰진 수영시설이었다는 것을 알 수 있다.

사진 옆의 설명에서는 "날씨도 안성맞춤 사람들은 명랑하게 잘 어울리는 화면을 장식하는 벌거벗은 한 무리, 규모가 거대하고 설비가 완전한 '경성 풀장'의 풍경[반도의 수도= 대경성(大京城)]"이라고 명기하고 있다. 스포츠문화에서 식민통치를 미화하는 사진그림엽서라고 생각된다.

그림 20　날씨도 안성맞춤

〈그림 19〉와 동일한 흑백 사진그림엽서이다.

明治町

Meijimachi

명치정은 한성부 남부에 속한 지역으로 1914년 경성부 구역 획정에 따라 명치정1~2정목으로 개편되었다. 명치정은 카페, 다방의 중심지이면서 동시에 예술문화의 중심지였다. 이곳에서 조선 최초의 다방인 후타미가 문을 열었고, 극장 명치좌는 예술문화의 전당으로 자리매김하였다.

명치정 개설

明治町
Meijimachi

명치정은 한성부 남부에 속한 지역으로 1914년 경성부 구역 획정에 따라 명치정1~2정목으로 개편되었다. 명치정은 카페, 다방의 중심지이면서 동시에 예술문화의 중심지였다. 이곳에서 조선 최초의 다방인 후타미가 문을 열었고, 극장 명치좌는 예술문화의 전당으로 자리매김하였다.

명치정明治町은 조선 초기 한성부 남부南部 명례방이었으며, 1894년 갑오개혁으로 5부가 5서로 개편되면서 남서南署 명례방과 회현방 일부에 속하게 되었다. 1914년 4월 1일 경성부 구역 획정에 따라 경기도고시 제7호로 경성부가 직할하면서 명례방 장악원동·명동·소룡동·대룡동·종현동·저동의 각 일부와 회현방 구남부동 일부는 명치정1정목, 남부 명례방 명동·대룡동·종현동·저동의 각 일부와 회현방의 낙동 일부는 명치정2정목으로 나뉘게 되었다.

조선시대 이 지역에는 5부 중 남부 관아 있던 곳이라고 해서 붙어진 구남부동舊南部洞, 장악원이 있어 유래한 장악원동, 지세가 용을 닮았다고 해서 유래된 대룡동과 소룡동, 어진 사람들이 많이 모여 살았다고 한데서 유래한 회현동, 모시전이 있다고 해서 이름 붙어진 저동苧洞, 당화피唐樺皮로 물건을 포장하는 가게가 있다고 해서 붙은 당피동唐皮洞, 타락(우유)을 파는 집이 있었다고 한데서 유래한 낙동駱洞 등이 속해 있었다.

명치정은 남촌에 속해 있었고, 비만 오면 땅이 질퍽해지기 때문에 양반 중 권세가 약한 이들이 살았다고 한다. '남산골 샌님 역적 바라듯 한다.'라는 속담의 경우가 그러한 경향을 잘 보여준다. 실제로 조선 후기에도 이 지역은 지체 높은 명문가 집안과 같은 큰 필지의 집들이 많지 않았다.

한편 1882년 임오군란 이후 〈조청상민수륙무역장정〉이 체결되면서 청국의 중화회관과 상무공서가 자리잡았고, 주변에는 청국 상인들이 들어섰다. 이들은 자국의 비호 아래 급속히 세력을 확장했다. 그러나 청국인들의 위세는 오래가지 않았고, 청일전쟁에서 일본이 승리한 이후 그 자리는 일본인들이 차지하게 되었다.

이 지역의 랜드마크인 명동성당도 이 시기에 들어섰다. 1887년 〈조불수호조약〉 체결 이후 천주교 측은 주변 집터를 매입하기 시작했고 성당 건물을 짓기 위한 터잡기 작업을 시작했다. 조선 정부는 경복궁을 내려다보는 지역에 서양인들이 교회를 짓는 것에 제동을 걸었으나, 교섭 끝에 1892년 정초식을 거행할 수 있었다. 그러나 청일전쟁과 최초 설계자인 코스트 신부(E. J. G. Coste)의 사망 등으로 공사가 계속 지연되면서 결국 6년이 지난 1898년이 되어서야 완성할 수 있었다.

일제강점기 명치정은 일반 점포도 많았지만 경양식집, 카페, 다방의 집중지로도 유명하였다. 극장으로는 양화관과 송죽극장이 있었고, 카페로는 마루비루와 국수菊水가 있었다. 중국요리집인 봉래각과 중화정, 일식집 에도가와[江戸川] 등도 대표적인 요릿집이었나. 이외에도 증권업체들도 많았다. 명치정1정목에 대표적인 미두거래소였던 조선미곡시장이 있었고, 바로 옆의 황금정2정목에는 경성취인소가 있었다. 1930년대 초부터는 다방 문화가 유행하였다. 성림, 에리자, 프린스, 활콘, 백룡과 같은 다방이 대표적이었다.

한편 1935년 메이지좌[明治座]가 건립되면서 명치정은 경성의 예술중심지라고 자칭할 수 있게 되었다. 당시 언론에서도 "대경성에서도 심장일고 할 만한 명치정의 십라로점에 45만 원을 들인 전조선 제일을 자랑하는 대영화전당, 좌석 1,500석, 재생기는 웨스턴 대형을 부착했다."라고 홍보하였다.

남촌의 명치정은 일본인들의 거리였지만 그곳의 제일가는 자산가는 특이하게도 동순태同順泰라는 회사를 운영하던 중국인 담걸생譚傑生이었다. 그는 개항기 때 상해에서 조선으로 건너와 비단과 곡물 무역으로 큰 부를 이루었다. 청일전쟁과 러일전쟁으로 중국인들이 쇠퇴하고 일본인 상인들이 조선의 상권을 장악했음에도 그가 운영하던 동순태는 일본과의 협력을 통해 번창을 거듭했다. 심지어 조선 정부에게 차관을 빌려주기도 하였다. 동순태는 복권도 발행했는데 다른 복권들과 다르게 당첨자를 내면서 조선인들 사이에 큰 인기를 끌었다. 이때의 당첨금은 4만 원이었는데 당시 한성은행을 세우는데 4만 5,000원 정도의 자금이 들었던 것을 생각하면 동순태 복권의 인기는 능히 짐작할 수 있을 것이다.

1910년 한일병합 이후 동순태의 주요 사업은 부동산이었다. 재산의 90%가 서울의 건물과 땅이었다고 한다. 실제로 담걸생은 1923년 경성부 내의 개인 납세액 1위를 기록하였다. 경성의 화교인이 납부한 세금 중 40%를 차지할 정도였다. 1932년 7월 13일자《동아일보》의 보도에 의하면 경성부 내의 임대주택을 가장 많이 보유한 곳이 조선신탁주식회사이고, 그 다음으로 많은 곳이 350호를 보유한 동순태였다고 한다.

한편 1923년 명치정에서 후타미[二見]라는 다방이 문을 열었다. 우리나라 최초의 다방이었다. 1935년 시인 이상李箱이 무기[むぎ, 麥]라는 이름의 다방을 연 곳도 이곳 명치정이었다. 당시 다방의 주인은 영화인, 연극인, 화가, 음악가, 문인들이 많았다. 경성에는 다방 문화가 꽃피웠다. 다방을 찾는 손님들도 문화인, 언론인, 유명인들이었다. 단순히 차를 마시고 쉬는 장소가 아닌 종합예술의 장소로서 기능을 하였다.

각종 전시회, 출판회, 음악회 등과 같은 문화활동이 다방을 중심으로 이뤄졌다. 다방에 놓여진 축음기는 젊은 남녀를 불러들였다. 세상 돌아가는 이야기들이 모여들었다. 다방은 일종의 정보 공급처의 역할을 하였다. 비좁은 명치정 뒷골목의 다방과 술집들은 꿈 많은 예술인들의 터전이 되었다. 그들은 고독, 인내, 지조, 양심 그리고 청춘의 낭만을 동경하였지만, 식민지라는 한계 속에서 예술인들은 울분과 탄식을 토로했다.

광복 이후인 1946년 10월 1일 일제식 동명을 우리 동명으로 바꿀 때 명치정은 명동으로 이름이 바뀌었다. 명치정1정목은 명동1가로, 명치정2정목은 명동2가로 명명되었다. 물론 명동의 명칭은 명치정이 아닌 옛 명례방에서 가져온 이름이다.

한편 6·25전쟁은 명동을 폐허로 만들었다. 북한군의 남침으로 명동의 술집과 다방은 문을 닫았다. 서울역, 용산역 주변을 비롯해 남촌의 명동, 충무로 일대는 폐허가 되었다. 특히 과거 본정이었던 충무로가 전쟁으로 인해 많은 피해를 입었다. 때문에 명동은 옛 본정의 기능을 일부 수용하였고 명실상부한 서울의 도심으로 떠올랐다. 현대사에서 '명동'이라는 문화적 이미지를 형성할 수 있게 된 것도 이 시기 이후부터였다.

명동의 다방에도 문학과 예술을 논하던 사람들이 다시 모여들었다. 박인환은 '지금 그 사람 이름은 잊었지만'으로 시작하는 〈명동상송〉의 노랫말을 써내려 갔다. 이진섭은 노래를 붙였고 임만섭이 노래를 불렀다. 소설가 이봉구는 프랑스 배우 루이 쥬베의 추도사에서 "폐허가 된 파리의 뒷골목 룸펜들의 소굴에서 헤매는 최후의 남작이여, 나도 명동에서 밀려나 부산에서 피난생활을 하는 같은 신세로다."라고 적었다. 지인들은 그에게 '명동백작'이라는 호칭을 부여하였고, 그는 명동의 문화를 상징하는 아이콘이 되었다.

1960년대 경제개발이 본격화되면서 명동에도 각종 대형건물들이 들어섰다. 오양빌딩(1962), 중앙극장(1963), 세종호텔(1966), 유네스코회관(1967), YMCA회관(1968), 한국전력별관(1968), 대연각호텔(1968) 등이 대표적인 건물들이었다. 이들은 명동의 경관을 바꾸었고 상업과 문화에도 영향을 미쳤다. 또한 5·16군사정변도 명동을 바꾸었다. 이전까지 명동는 60여 개의 카페, 카바레, 바 등이 몰려 있었는데, '부정부패와 사회악을 일소'하겠다는 명분으로 많은 업소들이 이곳에서 쫓겨났다. 그 대신 섬유산업 발흥으로 패션의류업체들이 이 지역에 들어섰다. 특히 제일백화점이 들어서면서 명동의 기능과 모습이 크게 바뀌었다. 덕분에 그 주변에는 각종 의류가게들과 양화점들이 모여들었다.

1960년대 말부터 명동의 음악감상실에는 젊은 통기타 가수들이 청중들과 만나는 공간이 생겨나기 시작했다. 음악다방과 비어홀은 성황을 이루었다. 명동은 장발, 청바지, 통기타 등 히피문화의 외형을 받아들인 젊은이들의 아지트였다. 송창식, 윤형주, 김도향, 양희은, 조영남 등 젊은 통기타 가수들이 무대에 오르면 또래의 젊은 관중들은 열광적으로 화답했다. 정부는 젊은이들의 문화를 '퇴폐와 방종'이라고 몰았다. 결국 1975년 대마초 파동을 계기로 다방과 바들은 문을 닫아야 했다.

명동은 서울의 패션을 상징하는 곳이기도 했다. 앙드레 김을 비롯한 많은 디자이너들의 의상실이 명동에 몰렸다. 의상실 옆에는 파리와 뉴욕에서 유행한다는 옷과 구두를 파는 매장이 줄지어 있었다. 상점의 진열장에는 구찌, 피에르가르뎅, 발렌티노 등 외국 유명 브랜드를 모방한 제품들이 지나가던 사람들의 이목을 끌었다. 쇼핑을 하기 위해 명동을 찾는 사람들도 있었지만, 디자인과 유행을 따라가기 위해 명동을 찾는 사람들도 많았다.

명치좌

明治座

Meiji-za Theater

명치좌는 1936년 명치정 1정목에 준공, 개관한 극장이다. 초기에는 일본 영화만 상영하였으나, 1940년대 초부터 조선악극단도 공연을 할 수 있었다. 광복 이후 6·25전쟁을 겪으며 파괴되기도 하였으나, 거듭 보수를 실시하며 남산 국립극장 이전까지 10여 년간 국립극장의 역할을 했다. 2009년 문화관광부 주관 하에 명동예술극장으로 재개관하여 현재에 이르고 있다.

명치좌明治座(메이지자)는 일제강점기 조선의 영화관이자 극장이다. 일본의 메이지천황의 연호를 따온 명칭이라고 할 수 있다. 1936년 10월 7일 경성부 명치정 1정목(현재 서울특별시 중구 명동1가)에 준공하여 개관하였다. 관객 수용인원은 1,178명으로 1층은 664명, 2층은 354명 그리고 3층은 160명으로 계획되었다. 1,669.43m²(505평)에 건평 1048.26m²(317.1평), 연건평 2457.57m²(743.413평)으로 지어졌다. 지하 1층, 지상 4층, 옥탑으로 구성되어 있으며 평지붕이다. 철골 철근 콘크리드 구조에 붉은 벽돌로 벽체를 마감했다. 화강석 타일 인조석을 부분 시공했다. 시공은 미키 합자회사에서 맡았다. 명동 안 네거리 부분에 위치, 모서리 부분을 정면으로 하며 양측 면은 동일한 이미지로 디자인했다. 5층으로 보이도록 옥탑부까지 부벽扶壁을 세웠다. 옥탑 상부는 원형판을 올려놓은 것 같아 전반적으로 곡선이 강조된 느낌이다. 명치좌의 건축주는 일본인 이시바시 료스케[石橋良介]였고 설계자는 다마타[玉田] 건축사무소를 주재하던 다마타 기츠지[玉田橘治]였다. 국도극장과 같은 해에 영화관으로 착공하여 같은 해에 준공 되었다.

명치좌는 명동의 한 복판에 위치하고 있어 예전의 미도파 백화점으로부터 명동성당까지를 한 축으로 이루어져있다. 부민관, 약초극장, 황금좌 등과 함께 1930년대의 일본인들을 위한 위락 시설로 지어진 것으로 주로 일본 영화만 상영했다고 한다.

원래 영화 전용 극장으로 개관했고 주로 일본 영화사 쇼치쿠[松竹]의 작품을 개봉하는 역할을 맡았기 때문에, 무대 공연, 특히 조선인 단체의 공연은 상상하기 어려웠다. 그러나 쇼치쿠와 조선악극단이 제휴를 맺으면서 어트랙션 쇼 형태로 영화 사이사이에 공연을 하게 되었고, 명치좌의 운영을 맡았던 다나카 히로시[田中博]가 한때 조선악극단을 운영하는 조선연예주식회사의 임원을 맡기도 했다.

1941년 5월에는 조선악극단의 자매단체가 명치좌에서 첫 공연을 했고, 이어 6월에는 조선악극단도 무대에 올랐다. 조선악극단의 공연은 이후 1941년 7월부터 12월까지도 매달 상연

되었고, 당시 조선악극단 소속 기타 연주자로 활동했던 작곡가 손석우孫夕友는 일본의 진주만 기습(1941년 12월 7일) 소식을 명치좌에서 들은 바 있다고 술회했다.

이후 쇼치쿠와 제휴가 끝나면서 조선악극단 공연이 일시 중단되기도 했으나, 1943년 6월에 다시 명치좌 무대에 등장했다. 광복 전까지 1944년 12월, 1945년 3월에도 조선악극단 출연이 확인된다.

광복 이후 1946년 1월에는 명치좌의 이름이 국제극장으로 바뀌었고, 이후 시공관市公館으로 재차 변경되었다. 시공관은 6·25전쟁으로 황폐해져 1952년 개수되었다. 1957년 6월1일, 시공관은 다시 명동예술회관이란 이름으로 바뀌며 국립극장이 되었다. 1961년 건물이 개·보수되면서 옥상 일부분을 증축, 지붕 처마선을 복잡하게 만들어 놓았다.

명동예술회관은 1962년 3월 21일 명동 국립극장이라는 이름으로 다시 바뀌었고 1973년 9월에 국립극장으로서 연극 오페라 무용 등의 다양한 공연이 열리게 된다. 1973년 10월 17일 남산 국립극장이 개관될 때까지 10여 년간 국립극장으로 역할 했다.

그 후 명동예술회관은 폐쇄되고 1975년에는 대한투자금융(현 대한종합금융)에 매각되어 금융업체 건물로 변질되었다. 1985년 12월 내부를 전면 개수, 대한종합금융에서 사용하게 되었고 이어 헐릴 위기까지 있었다.

1994년 명동 상가번영회가 시민 서명운동을 벌이며 복원운동을 시작했고 1999년 대한투자금융이 영업인가 취소가 되면서 법원경매에 부쳐지자 문화관광부가 2002년 8월 23일 명동 국립극장으로 개수하기로 결정했다. 2004년에 문화관광부가 400억 원에 건물과 땅을 사들여 2009년 6월 5일 〈명동예술극장〉으로 재개관했다. 현재 명동 예술극장은 연극 전문 공연장이 되었다. 이번에 수록된 명치좌의 사진그림엽서는 모두 4장이다.

그림 1 명랑한 모습을

'명랑한 모습을'이라는 제목의 흑백 사진그림엽서이다. 사진의 우측 상단부에 "햇볕도 화창한데 거리를 거니는 사람들의 웃음소리, 시가지 한편에 늠름하게 명랑한 모습을 빛내며 서있는 명치좌[반도의 수도= 대경성]"이라는 설명이 덧붙여져 있다.
이 사진에서는 여러 명의 인물들이 확인되는데, 리어카를 운반하는 사람, 양복을 입은 남자, 극장 포스터를 보는 사람들, 자전거를 타고 거리를 지나는 사람들의 모습을 알 수 있다.
이 엽서는 1937년에 찍은 명치좌의 사진으로 제작한 사진그림엽서라고 추정된다. 이 사진그림엽서의 좌측에는 당시 일본에서 유명했던 가부키 배우이자 일본무용가였던 '제7대 마츠모토 코시로[七代目 松本幸四郎]'의 무대사진과 이름이 명기된 기치(旗幟)가 부착되어 있는 것이 확인된다. 그리고 명치좌에서 당시 상영하고 있던 영화의 제목이 '목격자(目擊者)'라는 영화라는 것을 현수막을 통해 확인할 수 있다. 영화 '목격자'는 미국 영화로서 알프레드 산텔이 감독하고 바제스 메레디스가 주연했던 영화였다. 이 영화는 미국에서 1936년 12월에 공개되었으며, 일본에서는 1937년 3월에 공개되었던 것을 확인할 수 있다. 따라서 명치좌의 공개 시기도 1937년이었다고 볼 수 있다.

그림 2 명치좌

〈그림 1〉과 같은 사진그림엽서이다.

오늘날 〈그림 2〉와 같은 구도에서 바라본 모습

1936년 건립된 이 건물은 광복 이후 국제극장, 시공관, 명동예술회관, 국립극장 등으로 이용되었다. 1973년 남산 국립극장에 개관하며 폐쇄되었고, 1975년 대한투자금융에 매각되어 금융업체 건물로 사용되었다. 철거될 위기도 있었으나 2004년부터 복원사업을 실시, 2009년 재개관하여 현재에 이르고 있다.

그림 3 명치좌

〈그림 1〉, 〈그림 2〉와 같은 사진그림엽서이다.

그림 4 **문화건축의 명장(明粧)을 응축한 명치좌**

〈그림 1〉, 〈그림 2〉, 〈그림 3〉과 동일한 사진으로 제작한 흑백 사진그림엽서이다.

조지아 백화점

丁字屋百貨店

Georgia department store

조지아 백화점은 1904년 개점한 조지아 양복점이 그 시초이다. 1921년 주식회사 조지아 백화점을 설립한 후 경성부 명치정에 본점을 두었다. 1939년 조선 최대 면적을 가진 조지아 백화점을 완공하였다. 광복 이후 이 건물은 무역협회에 매각되어 미도파 백화점으로 재탄생하였다. 2002년에 롯데백화점에 인수되었으며, 롯데미도파를 거쳐 현재의 롯데영플라자가 되었다.

백화점百貨店(department store)은 단일 기업이 복수의 분야의 전문점을 통일적으로 운영하며 그 전문점들을 면적이 넓은 대규모의 점포에 집약하여 다수의 종류의 상품을 전시 진열하고 판매하는 소매점이다. 백화점이란 말 그대로 수많은 상품을 취급한다는 의미에서 근대에 들어와 일본에서 서양의 '데파트먼트 스토어(department store)'를 백화점으로 번역한 것에서 비롯되었다고 보인다.

일본에서 백화점은 '주식회사 미쓰코시'가 '미국에서 유행하는 데파트먼드 스토어의 일부를 (일본에) 실현하겠다'는 이른바 '백화점 선언'을 하면서 시작되었다고 한다.

일제강점기 조선의 경성에서는 일본 회사인 미쓰코시[三越] 백화점 경성지점, 미나카이[三中井] 백화점 본점, 조지아[丁字屋] 백화점, 히라타[平田] 백화점 그리고 조선 회사인 화신和信 백화점이 5대 백화점으로 유명하였다.

조지아[丁字屋] 백화점은 20세기 초반 일본이 조선과 만주국에 점포를 개점했던 백화점이다. 1867년부터 일본 미에현[三重縣 츠[津]에서 양품점을 운영하고 있던 고바야시 겐로쿠[小林源六]는 러일전쟁이 시작되자 군복 제조, 판매가 늘어날 것이라고 생각해서 1904년 4월, 부산부 변천정弁天町에 '오이케 츄스케[大池忠助]' 소유의 건물을 빌려서 조지아 양복점을 개점하고, 그해 9월에는 한성(후에 경성부)에도 점포를 개점했다.

1921년 '주식회사 조지아 백화점'이 된 후, 경성부 명치정明治町에 본점을 이전하였다. 1934~1935년에 남대문로의 점포를 증축하였고 1939년에는 1만 2,540m²라는 조선 최대의 매장 면적을 가진 건물(현재 명동의 롯데영플라자)을 완성하였다. 또 1935년에는 만주에 조지아 백화점을 개업했다.

1945년 태평양전쟁이 일본의 패전으로 종결되면서 조지아 백화점 또한 일본이 해외에 보유한 일체의 자산을 상실하여 해체되었다. 경성에 있던 조지아 백화점은 한국인에게 넘어가 중앙백화점이 되었으나, 1948년 대한민국 정부가 자산을 접수하여 미군의 PX가 되었다. 1954년 무역협회가 이를 사들여 미도파 백화점으로 개칭하였고, 1969년에 대한농산(대농)의 산하에 들어가 미도파 백화점으로 경영을 이어나갔다.

2002년에 롯데쇼핑이 운영하는 롯데 백화점에 매수되어 2003년에 점명을 롯데미도파로 변경하였다가, 2013년에 롯데쇼핑에 흡수 합병되었다. 미도파 백화점이 있던 곳은 현재 롯데영플라사 명동점이 되어있나. 이번에 수록된 조지아 백화점의 사진그림엽서는 모두 6장이다.

그림 1　조지아 / 미쓰코시 / 미나카이

왼쪽부터 시계방향으로 '조지아 백화점', '미쓰코시 백화점', '미나카이 백화점'의 사진을 배치한 흑백 사진그림엽서이다. 일제강점기 1930년대 서울의 백화점 건물사진으로 당시의 역사를 살펴볼 수 있는 사진엽서이다.

그림 2 고객의 발길이 머무는 조지아 백화점

'(경성)고객의 발길이 머무는 조지아 백화점'이란 제목의 흑백 사진그림엽서이다. 거리의 전차, 양복과 한복을 입은 사람들의 모습이 확인되며 백화점 1층의 투명한 유리 전시관이 인상적이다. 백화점 정면 최상층부에는 시계탑이 있고 그 위쪽 측면에 조지아[丁字屋]라는 상호가 부착되어 있다. 또 건물 외벽 한쪽에는 일장기가 걸려 있으며, 전시회와 기념 세일 행사를 안내하는 현수막이 걸려 있어서 당시의 백화점의 모습을 잘 보여주고 있다.

오늘날 〈그림 2〉와 같은 구도에서 바라본 모습

광복 이후 1954년 미도파 백화점이 되었다가 2002년 롯데 백화점에 매수되었다. 현재는 롯데영플라자 명동점이다.

그림 3 장관을 자랑하다

'장관(壯觀)을 자랑하다'라는 제목의 흑백 사진그림엽서이다. "혼마치[本町]에 우뚝 솟아있는 조지아는 경성 4대 백화점의 하나로서 당당한 경관을 가지고 거리의 문화 판매소이다. [경성 조지아데파트]"라는 설명문이 붙어 있다. 그리고 일본 기모노를 입은 여성의 모습이 들어가 있는 '경성유람기념'이라는 보라색 스탬프가 찍혀 있는 것으로 보아 경성관광기념으로 사용되었던 엽서로 보인다. 그리고 뒷면에는 '일본 다이쇼 사진공예소[大正寫眞工藝所] 발행'을 뜻하는 것으로 추정되는 '다이쇼 메이드(TAISHO MADE)'와 군국주의적 구호로 보이는 "국가를 지키는 마음으로 찍어라! 카메라맨(國護る心で寫せカメラマン)"이라는 구호가 인쇄되어 있다.

그림 4 장관을 자랑하다

〈그림 3〉과 동일한 흑백 사진그림엽서이다. 다만 스탬프는 찍혀 있지 않다.

그림 5 백화의 전당

'백화의 전당'이라는 제목의 흑백 사진그림엽서이다. "신선한 거리의 문화 공급소로서 혼마치[本町] 거리에 번영하는 조지아 데파트먼트 스토어의 성관(盛觀). 경성 조지아 백화점"이라는 설명문이 실려 있다. 또 붉은색으로 '경성유람기념'이라는 스탬프가 찍혀 있는 것으로 보아 관광객이 사용했던 엽서로 추정된다.

그림 6 백화의 전당

〈그림 5〉와 같은 흑백 사진그림엽서이다. 〈그림 5〉과는 스탬프의 색깔이 다르고 위치가 미묘하게 다른 점이 눈에 띈다.

프랑스교회

프랑스敎會
French Church

프랑스교회는 서울의 명동성당을 가리키는 호칭으로 불란서교회, 종현 천주교당, 메이지마치 천주교회당 등으로 불렸다. 1892년 새로 부임했던 뮈텔 주교가 성당의 정초식을 집전하면서 공사가 시작되었으며 청일전쟁으로 인해 공사가 일시 중단되기도 했지만, 1898년 완공되었다. 이곳은 한국 천주교의 상징이자 구심점이었다.

한국천주교 서울대교구 주교좌 성당은 일반적으로는 명동성당으로 불리고 있다. 여기서 말하는 프랑스교회는 서울의 명동성당을 가리키는 호칭이다. 일제강점기에는 '명동'이라는 표기가 사라지고 메이지마치[明治町]로 명명되었기 때문에 명동성당은 '불란서교회佛蘭西敎會(프랑스교회)', '종현 천주교당鍾峴 天主敎堂', '메이지마치 천주교회당' 등으로 표기되었다.

명동성당이 '불란서교회佛蘭西敎會(프랑스교회)'라고 불리게 되었던 것은 당시 천주교 조선교구가 프랑스의 파리외방선교원의 관할 하에 있었으며, 명동성당 건립에도 프랑스가 직접적으로 깊이 개입했기 때문에 붙여진 이름이 아닌가 여겨진다.

본당 건물은 〈조법수호통상조약朝法修好通商條約(조불수호통상조약)〉이 체결된 이듬해인 1887년에 정지작업整地作業을 개시한 후 1892년 본격적 착공을 거쳐 1898년에 완공되었다.

> **종현 언덕 위에 들어선 명동성당**
> '6년간의 노고와 6만 불의 비용을 들인 끝에 대성당이 드디어 준공되었다. 대성당은 높이 141피트에 이르는 종탑과 함께 종현 언덕 꼭대기에 우뚝 서게 되었다. 이 성당에 오르면 시야가 넓게 트여 있어서 바라보는 이에게 서울 장안의 아름다운 파노라마를 제공한다.'(1898년 6월 2일자 영문판 『독립신문』 기사).

이 기사에서 말한 대로 1898년 5월 29일에는 뮈텔(Gustav Charles Marie Mütel) 주교의 집전으로 명동성당의 낙성식이 거행되었다. 이 건물의 길이는 68m이고 너비는 29m인데 종탑의 높이는 47m에 달하였다. 당시 별달리 높은 건물이 없었기 때문에 명동성당은 하늘을 찌를 듯한 모습 때문에 '뾰족집'이란 이름으로 대번에 서울 장안의 명물이 되었다.

1898년 명동성당이 세워진 곳은 당시 종현이라고 불렸으며 행정구역으로는 명례방에 속하였다. 명례방이라는 지명은 이곳에 있었던 명례궁에서 유래하였다. 이곳은 일제강점기 명치정

明治町이라는 일본식 이름으로 불리다가 광복 후 명동으로 바뀌었다. 명동성당이라는 이름도 이때 붙여진 것이다. 광복 전까지는 종현 성당 혹은 종현 본당이라고 불렀다.

명례방은 천주교가 한국과 첫 인연을 맺은 유서 깊은 곳이기도 하다. 조선의 지식인은 중국에서 흘러들어온 서학 서적을 통해 천주교를 처음 알게 되었다. 1784년(정조 8) 이승훈李承薰이 동지사 서장관으로 임명된 아버지를 따라 중국에 건너가 그라몽(Jean Joseph de Gramont) 신부에게 영세를 받았다. 이승훈은 귀국한 후 이벽李檗, 이가환李家煥, 정약종丁若鍾 형제 등에게 세례를 주었다.

이들은 처음에는 이벽의 수표교 집에서 집회를 하다가 여러 사람이 드나들기 불편하여 명례방에 위치한 김범우金範禹의 집으로 옮겼다. 김범우는 역관 집안 출신으로 이벽의 권고로 천주교에 입교한 인물이다. 이승훈은 이곳에서 신자들에게 세례와 견진성사를 집전하는 등 일종의 가성직제도假聖職制度를 운영하였다. 이처럼 김범우의 집에 세워진 집회소는 바티칸의 정식 인가를 받지는 않았지만 선교사를 기다리지 않고 스스로 사실상이 교회를 세운 매우 특별한 사례라고 할 수 있다.

하지만 이 집회소는 그리 오래 운영되지는 못했다. 1785년(정조 9) 형조에 의해 김범우의 집이 적발되어 예수의 화상과 천주교 서적을 압수당하는 사건이 벌어졌기 때문이다. 당시 형조에서는 참석자는 해산시키고 집주인인 김범우만을 체포하였다. 그는 끝까지 신앙을 고집하였으며 그 결과 충청도 단양으로 유배되어 1년여 만에 유배지에서 사망하였다.

따라서 그의 집이 위치했던 명례방은 한국 천주교의 입장에서는 잊을 수 없는 곳이었으며 이곳에 성당을 세운 것은 지극히 당연한 일이었다. 천주교 조선교구는 1886년 조불 조약에 체결된 후 곧바로 대성당 건립에 나섰다. 이듬해인 1887년(고종 24) 5월 종현 일대를 대성당 건립 후보지로 선정하고 대지를 구입하기 시작하였다. 《매천야록》에 의하면 이 땅은 병조판서 등 여러 관직을 역임한 윤정현尹定鉉의 옛집이라고 하였다. 윤정현의 아버지는 윤행임尹行恁인데 그는 정조의 총신寵臣 가운데 한 사람으로 정조가 서거한 직후 일어난 신유박해 때 서학을 신봉한 것으로 의심받아 강진으로 유배된 바 있는 인물이다. 이처럼 대성당 부지로 선정된 땅은 천주교와 인연이 있는 집안이 소유했던 땅이었던 셈이다.

부지는 일찌감치 마련하였지만 대성당을 건립하는 과정은 순탄하지만은 않았다. 1888년(고종 25) 1월 조선 정부는 종현의 성당 부지의 토지소유권을 억류하였다. 정부는 이 땅이 조선왕조의 역대 왕들의 초상화를 모신 영희전永禧殿과 가깝기 때문에 여기에 성당은 짓는 것을 허용할 수 없다고 하였다. 표면적으로 영희전과의 거리를 들었지만 실제로는 성당 건립이 당시 일반 백성들에게 퍼져 있던 반외세 감정을 자극할 것을 우려했을 수도 있다. 실제로 당시 서울에서는 외국 상인과 점포에 대한 철수운동이 벌어지는 등 뒤숭숭한 상태였다. 이 문제는 초대 프랑스 공사가 부임하자 그를 통해 강력히 항의한 결과 1890년(고종 27)에 들어서 비로소 해결될 수 있었다.

이 문제가 해결된 후 곧바로 정지整地작업에 들어갔다. 정지작업에는 교인들이 자발적으로 참여하였다. 1892년 5월 8일에는 새로 부임한 뮈텔 주교가 정초식을 집전하면서 공사에 들어갈 수 있었다. 설계와 감독은 코스트 신부가 맡았다.

당시 벽돌공, 미장공, 목수 등 인력은 모두 중국에서 들어온 노동력으로 충당하였다. 당시만 하여도 서양식 건축물을 짓는 데 필요한 훈련된 사람이 국내에는 없었다. 그래서 할 수 없이 중국 인력을 들여왔는데 1894년 청일전쟁이 터지자 이들 모두 귀국하는 바람에 공사가 일시 중단되기도 하였다.

재정문제도 공사가 지체되는 또 다른 이유였다. 이 문제를 해결하는 데는 1893년 파리외방전교회에서 5만 프랑을 대여해 준 것이 큰 도움이 되었다. 공사를 맡았던 코스트 신부는 공사가 한창 막바지에 들어선 1896년 2월 사망하였다. 프와넬(Victor Louis Poisnel) 신부가 그의 뒤를 이어 공사를 진행하여 1898년 5월 29일 공사를 마무리하였다.

1898년 명동성당이 건립될 당시 경내에는 본관 이외에 주교관 건물이 있었다. 주교관은 본관에 앞서 1890년 이미 준공되어 있던 상태였다. 광복 이후 종현 본당의 이름을 명동대성당으로 바꾸었으며 경내에는 문화관, 사제관, 교육관 등의 부속건물이 속속 들어섰다. 본관 건물도 벽체를 보수하고 스테인드글라스와 지붕동판을 교체하는 등 대대적인 수리를 통해 거듭나기를 하고 있다. 명동성당은 현재 사적으로 지정되어 관리되고 있다.

명동성당에는 서울대교구청을 비롯한 교회행정기관이 자리를 잡았으며 명동성당의 아래쪽에 위치한 가톨릭회관에는 전국적인 규모의 천주교 단체와 기관들이 입주하였다. 명동성당은 명실상부한 한국 천주교의 상징이자 구심점이라고 할 수 있다. 이번에 수록된 프랑스교회의 사진그림엽서는 모두 12장이다.

그림 1 YMCA / 프랑스교회당

'YMCA / 프랑스교회당'이란 제목의 흑백 사진그림엽서이다. 왼쪽은 'YMCA', 오른쪽은 '프랑스교회당'이라는 제목이다. 일본 시조의 일종인 와카[和歌] 두 편이 실려 있다.

1903년 10월 28일 창설된 서울기독교청년회는 조직 당시부터 회관의 필요성에 따라 각국 외교관들과 실업가들을 포섭하여 청년회관 건립을 위한 자문위원회를 조직하였다. 이 위원회의 모금으로 1904년 종로대로 북쪽에 부지를 마련하였다. 1905년 개화파 인사였던 현흥택(玄興擇)이 이곳에 맞닿아 있는 자신 소유의 부지를 기증하였고, 나머지 필요한 부지는 미국 공사 모간(E. W. Morgan)이 기부한 기금으로 마련하였다. 1906년 6월 29일 대지에 대한 소유권 등기를 마치고 워너메이커(J. Wanamaker)가 제공한 건축비를 사용하여 1908년 회관을 완공하였다.

엽서의 왼쪽 사진은 당시 종로에 있던 YMCA 회관 사진으로 보인다. 오른쪽의 사진은 '프랑스교회당'이라는 제목이 붙어 있는데 남산의 명동성당 본당 건물을 남산 방향에서 북악 방향으로 찍은 사진으로 보인다. 이 사진의 명칭은 '명동성당 후면 전경'으로서 남산 방향에서 본 명동성당의 후면 전경이 수록된 사진엽서이다. 사진 속 본당 건물은 조법수호통상조약(朝法修好通商條約, 조불수호통상조약)이 체결된 이듬해인 1887년에 정지작업(整地作業)을 개시한 후 1892년 본격적 착공을 거쳐 1898년에 완공되었다.

엽서의 왼쪽 상단부의 와카 내용은 "비야, 비야 오지 말고 그쳐 주렴 / 우리 누나 시집가는 날이야 / 시집가는 가마에 비가 새면은 / 고운 옷에 얼룩 반점이 생겨"라는 노랫말이 인쇄되어 있으며, 오른쪽 하단부의 와카에는 "산속의 사찰에서 / 한밤중의 독경소리도 그치고 / 고향을 멀리 떠나온 / 나의 외로움도"라고 쓰여 있다.

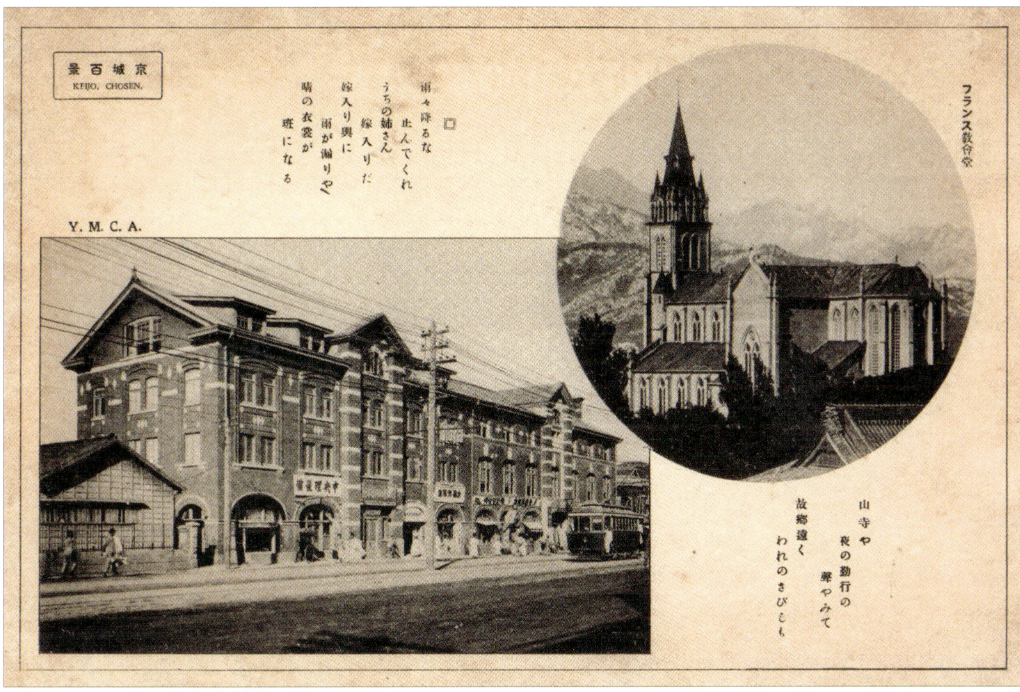

그림 2 YMCA / 프랑스교회당

〈그림 1〉과 동일한 사진그림엽서이다.

그림 3　YMCA / 프랑스교회당

〈그림 1〉, 〈그림 2〉와 동일한 사진그림엽서이다.

그림 4　YMCA / 프랑스교회당

〈그림 1〉, 〈그림 2〉, 〈그림 3〉과 동일한 사진그림엽서이다.

그림 5 YMCA 중앙기독교청년회 / 일본적십자사 조선본부 / 프랑스교회

왼쪽부터 시계방향으로 'Y.M.C.A 중앙기독교청년회', '프랑스교회', '일본적십자사 조선본부'의 사진을 배치한 흑백 사진그림엽서이다.

왼쪽 사진은 당시 종로에 있던 YMCA회관의 모습을 찍은 사진인데 자전거를 타고 가는 사람, 한복을 입은 사람, 양복을 입은 사람 등 여러 명의 인물이 확인된다. 회관 건물의 1층에는 다양한 상호의 간판이 걸려 있는데 구두와 모자를 파는 가게나 치과병원의 일본어 상호와 더불어 '콜럼비아 레코-드'라는 한글 간판도 눈에 띈다.

'프랑스교회' 사진은 서쪽 방향 아래편에서 명동성당 본당 건물을 올려다보면서 동쪽 방향으로 찍은 사진으로 보인다. 종현고개 위에 우뚝 솟아 있는 성당 건물의 위용이 잘 느껴지는 사진이라고 하겠다.

원래 1905년 대한제국기에 창립된 대한적십자사와 적십자병원이 존재하고 있었다. 일제강점기에 들어가면서 일본적십자사와 병합되어 '일본적십자사 조선본부'가 되었다.

그림 6 YMCA / 프랑스교회당

〈그림 1〉, 〈그림 2〉, 〈그림 3〉, 〈그림 4〉와 동일한 사진그림엽서이다.

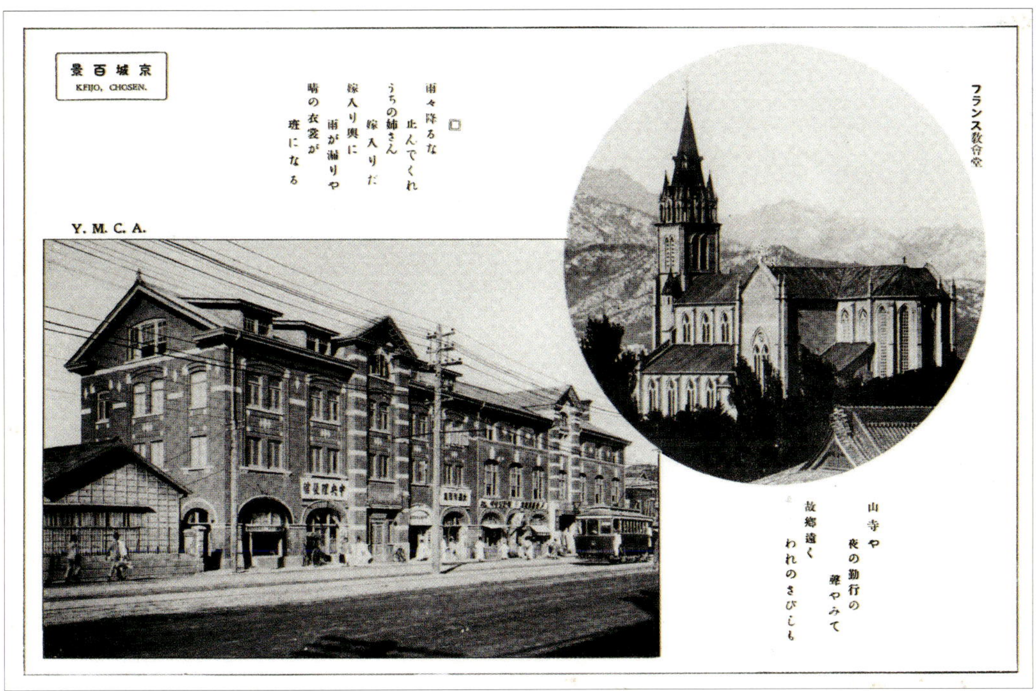

그림 7 YMCA / 프랑스교회당

〈그림 1〉, 〈그림 2〉, 〈그림 3〉, 〈그림 4〉, 〈그림 6〉과 동일한 사진그림엽서이다

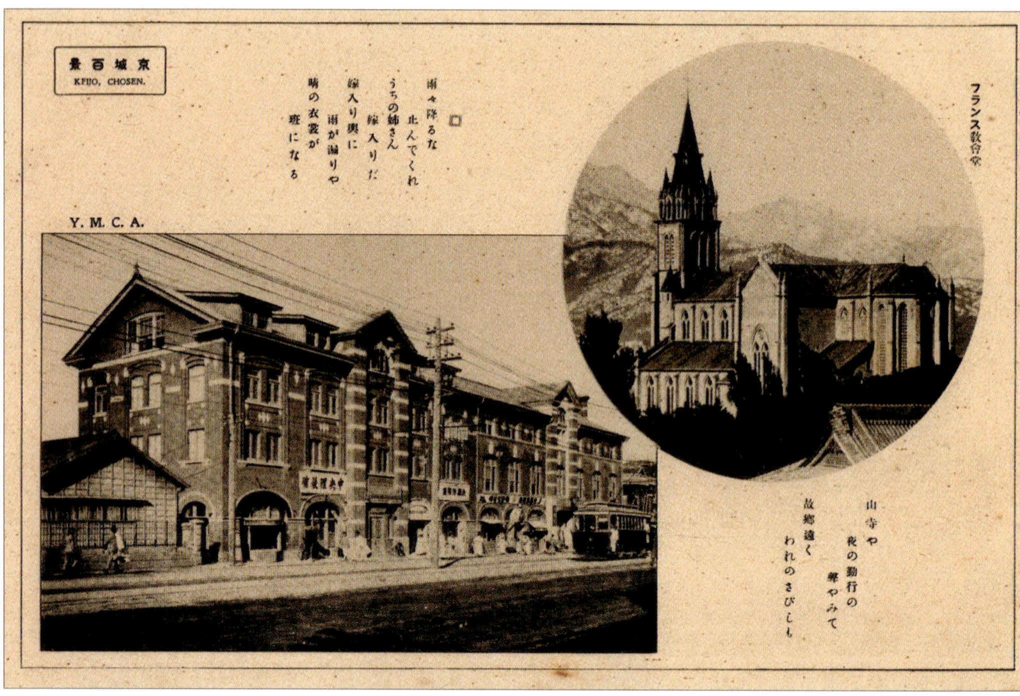

그림 8 YMCA / 프랑스교회당

〈그림 1〉, 〈그림 2〉, 〈그림 3〉, 〈그림 4〉, 〈그림 6〉, 〈그림 7〉과 동일한 사진그림엽서이다. 엽서의 뒷면에 대일본제국우편 1전 5리(大日本帝國郵便 壹錢五厘 1½ SN(錢, Sen))'라는 우표가 붙어 있는 것으로 보아 실제 사용된 사진엽서로 보인다.

그림 9 YMCA / 프랑스교회당

〈그림 1〉, 〈그림 2〉, 〈그림 3〉, 〈그림 4〉, 〈그림 6〉, 〈그림 7〉, 〈그림 8〉과 동일한 사진그림엽서이다.

그림 10 종소리가 경성 전체에 들리는 프랑스교회

'(경성)종소리가 경성 전체에 들려오는 프랑스교회'라는 제목의 흑백 사진그림엽서이다. 〈그림 1〉의 사진과 동일한 사진을 사용하고 있다.

이 사진은 남산 방향에서 본 명동성당의 후면 전경이 수록된 사진그림엽서이다. 사진 속 본당 건물은 조법수호통상조약(朝法修好通商條約, 조불수호통상조약)이 체결된 이듬해인 1887년에 정지작업(整地作業)을 개시한 후 1892년 본격적 착공을 거쳐 1898년에 완공되었다. 이 엽서의 사진은 기본적으로는 흑백사진인데 이 엽서는 약간 푸른색 톤으로 채색이 되어 있는 느낌이다.

그림 11 종소리가 경성 전체에 들리는 프랑스교회

〈그림 10〉과 동일한 사진그림엽서이다. 다만 〈그림 10〉과는 달리 이 두 엽서는 약간의 갈색 톤으로 채색이 되어 있다.

그림 12 종소리가 경성 전체에 들리는 프랑스교회

〈그림 10〉, 〈그림 11〉과 동일한 사진그림엽서이다.

04

장곡천정

長谷川町

Hasegawamachi

장곡천정은 현재의 소공동 지역에 해당한다. 1914년 〈경기도고시〉 제7호에 의해 장곡천정이 되었다. 장곡천정이란 명칭은 조선총독부의 총독 하세가와 요시미치[長谷川好道]의 이름을 딴 것이다. 장곡천정은 조선호텔, 경성상공회의소 등이 자리 잡은 일본인 거류의 중심지였다.

장곡천정 개설

長谷川町
Hasegawamachi

장곡천정은 현재의 소공동 지역에 해당한다. 1914년 〈경기도고시〉 제7호에 의해 장곡천정이 되었다. 장곡천정이란 명칭은 조선총독부의 총독 하세가와 요시미치[長谷川好道]의 이름을 딴 것이다. 장곡천정은 조선호텔, 경성상공회의소 등이 자리 잡은 일본인 거류의 중심지였다.

장곡천정長谷川町은 현재의 소공동 지역에 해당한다. 소공동의 동명은 조선 태종의 둘째 딸인 경정공주慶貞公主가 살았던 것에서 유래하였다. 소공동은 조선 초기 한성부 남부 호현방의 일부 지역이었으며, 1751년(영조 27)에 간행된《도성삼군문분계총록》에 의하면 남부 호현방 송현계·소공동계·본궁내계 지역이었다. 1894년 갑오개혁 때에 5부가 5서로 바뀌면서 남서 회현방 소공동계 소공동, 송현계 송현동, 저경궁계 저경궁동, 미동계 석정동 지역이 되었다가 남부 회현방에 속하게 되었다. 한일병합 이후인 1914년 4월 1일 경성부 구역 획정에 따라 경기도고시 제7호에 의해 장곡천정이 되었다. 이후 1943년 6월 10일 조선총독부령 제163호로 구제區制를 실시하면서 중구 장곡천정이 되었다.

소공동이라는 지명의 주인공인 경정공주는 조선 태종의 둘째 딸로 조선 건국 전인 1387년(우왕 13)에 태어났다. 1394년생인 양녕대군보다 7살이 많다. 세종이 되는 충녕대군이 1397년생이니 그보다는 10살이 더 많다. 그녀는 1403년 조준의 아들 조대림과 혼인하였는데, 이후 조대림이 목인해의 역모사건에 연류되면서 곤혹을 치렀다. 조대림의 부친 조준은 조선 건국과 왕자의 난에서 공을 세운 공신이었기에 태종은 그에 합당한 예우로서 부마를 맞이하였지만 좋은 결과를 가져오지는 못한 셈이었다.

결국 태종은 이러한 정치적 사건 이후 부마를 고를 때에는 보다 신중한 관점에서 그리고 정치적 영향력이 적은 가문을 선택하게 된다. 경정공주의 언니인 장녀 정순공주도 남편 이백강이 부친 이거이의 반역죄로 인해 연좌되어 진주 유배를 갔던 일이 있었기에 더욱 그러했다. 때문에 경정공주의 여동생인 정선공주의 경우 벼슬이 낮고 과부의 아들이었던 남휘와 혼인하였다. 남휘는 남재의 손자였는데, 그는 1차 왕자의 난 때 정도전 등과 함께 죽은 남은의 형이었다. 여담이지만 훗날 정선공주의 외손자 남이는 병조판서에 오른다.

장곡천정은 조선시대 남별궁이 있던 곳이기도 하다. 남별궁은 현재의 조선호텔이자 환구단이 있던 곳에 있었다. 이곳은 임진왜란 당시 선조가 환도한 뒤에는 자주 이곳에 나아가 명나라 장수와 관원들을 만났던 장소였다. 때문에 아예 왕의 거소居所를 의미하는 별궁, 즉 남별궁의 이름이 붙여지게 되었다. 이후 남별궁은 명나라와 청나라의 사신들을 접견하는 장소로 쓰였다. 임진왜란 이전 중국 사신들을 맞이하던 태평관의 역할을 조선 후기에는 남별궁이 대신하게 된 것이었다.

이후 고종은 대한제국을 신포하고 황제로 즉위하면서 이곳에 있던 남별궁을 없애고 환구단을 세웠다. 중국의 간섭을 받지 않는 자주독립국임을 선포하고자 했던 것이다. 고종은 하늘의 모습을 본따서 원형의 천단天壇을 세웠다. 이어 태조를 고황제로 추존하고 신위를 모신 황궁우를 지었고, 황제의 성덕을 찬양하기 위하여 석고단을 만들었다. 하지만 일제의 침략으로 환구단은 얼마가지 않아 제 모습을 잃게 되었다. 1913년 4월 총독부는 환구단을 헐어버리고 조선호텔을 지었다. 황궁우와 석고단은 호텔의 조형물처럼 되어 버렸다.

한편 장곡천정이라는 지명은 인제침략 당시 일본군의 사령관이자 조선총독을 지낸 하세가와 요시미치[長谷川好道]의 이름을 딴 것이다. 그는 1904년 8월 제1차 한일협약이 체결된 지 2달 후인 10월 침략의 일환으로 일본군을 이끌고 서울로 들어왔다. 그리고 이곳에 있던 저경궁儲慶宮의 대관정大觀亭에서 머물렀는데, 이후 그의 이름을 따서 이곳의 지명 자체를 장곡천정이라고 한 것이었다. 대관정은 저경궁의 부속 건물로 목조로 지은 서양식 가옥이었다. 1899년 6월에는 독일의 하인리히 친왕이 방문했을 때 숙소로 쓰이기도 했다.

참고로 저경궁은 인조가 임금이 되기 전에 거처하던 집으로 원래 이름은 송현궁松峴宮이었다. 이후 1755년(영조 31) 인조의 할머니인 인빈김씨仁嬪金氏의 신위를 봉안하고 제사를 지내면서 저경궁으로 이름으로 고쳤다. 오늘날 저경궁은 칠궁의 하나로 청와대 부지 옆에 위치해 있는데, 1908년 대빈궁, 선희궁, 경우궁, 연호궁 등과 더불어 그곳으로 신위를 옮긴 것이다. 오늘날 주변 한국은행 후문에는 저경궁 터 표석과 하마비가 있다.

하세가와 요시미치는 야마구치 출신으로 오사카병학교를 나와 1885년 프랑스 파견장교를 지냈고 1894년 청일전쟁에 참가했다. 1904년 러일전쟁 당시에는 대장으로 승진해 조선주차군사령관을 지냈다. 초대 총독인 데라우치 마사다케[寺內正毅]가 총리가 돼서 일본 본국으로 건너가자 그의 후임으로 1916년 조선총독이 되었다. 그는 1919년 일어난 3·1운동을 강경하게 탄압했고 수많은 조선인들이 죽거나 다쳤다. 총독부의 무력일변도의 진압책은 조선인들은 물론 서양인 선교사와 심지어 일본 본국에서도 비판이 일었다. 결국 그는 총독에서 물러날 수밖에 없었고, 후임으로 해군 출신의 사이토 마코토[齋藤實]가 총독이 되었다.

장곡천정은 황금정이나 본정만큼이나 경성 일본인 거류의 중심지였다. 그만큼 많은 기관들과 업체들이 있었다. 일제가 환구단을 헐고 지었던 조선호텔, 경성부 내의 일본인 상공업자들이 중심이 된 경성상공회의소 그리고 총독부도서관이 있었다. 또한 경성부에서 운영하던 사회관과 경성부립도서관 그리고 일본인 YMCA 단체였던 경성기독교청년회 건물도 이곳 장곡천정에 있었다. 이외에도 일본항공수송주식회사, 경성부동산주식회사, 조선수산회, 사쿠라맥주 경성출장소 등의 기업들도 장곡천정에서 영업을 하고 있었다.

광복 후인 1946년 10월 1일 장곡천정은 일제식 동명을 우리 동명으로 바꾸면서 소공동으로 명명되었다. 소공동에 있던 여러 건물들도 제각각 다른 길을 걸었다. 광복 후 조선호텔은 한동안 미군정의 사령부로도 사용되었다. 정부 수립 후에는 교통부가 관리하였는데 일제강점기까지의 영어 표기였던 'Chosen Hotel'에서 'Chosun Hotel'로 바꾸었다. 1958년 화재로 전소되기도 하였는데, 1963년 국제관광공사로 이관되었다가 1970년 20층 건물로 재개관하였다. 경성부도서관도 광복 후 남대문도서관으로 바뀌었다가 1964년 남산 중턱인 용산구 후암동으로 이전하였다. 총독부도서관도 광복 후 국립도서관이 되었다. 이후 1974년 남산자락의 어린이회관 건물로 옮겨졌다가 1988년 현재의 서초구 반포동으로 이전하였다.

한편 소공동에는 중국인들이 많이 살고 있었다. 임오군란 이후 크게 늘어났던 청국상인들은 소공동을 비롯해 관수동, 수표동, 서소문동 등에 번성했다. 하지만 청일전쟁에서 일본이 승리하면서 그들의 상권은 급속히 줄어들었다. 남은 이들은 주로 이곳에 터를 잡았다. 일제강점기에도 중국인들의 세력은 줄어들었다. 하지만 광복 이후에도 상당 기간 소공동은 대표적인 화교 거주지로 명맥을 이어갔다.

이후 1970년 4월 서울시는 입체환지방식을 통해 소공동 중국인촌과 무교동 유흥가 일대를 재개발하겠다고 발표한다. 그곳에 30층과 7~15층 규모의 빌딩들을 세우고 도심의 업무지구를 완전히 새롭게 변화시킨다는 것이 주요 내용이었다. 개발을 위해 서울시는 소공동의 중국인 주민들과 여러 차례 회합을 가졌고 그곳에 화교회관을 짓는 것을 조건으로 1971년 8월 서울시장과 화교 대표 사이에 협정문 체결이 이뤄졌다. 대만 정부도 2억 원을 지원하기로 하였다.

하지만 소공동에 있던 한국인 지주들과의 협의가 지지부진해지면서 사업은 진행되지 못했다. 중국인들은 사업 진행을 촉구하며 탄원서와 질의서를 보냈지만 별다른 효과는 없었다. 결국 한화가 이들의 건물과 토지를 매입해 프라자호텔을 짓게 되었다. 소공동의 중국인들은 뿔뿔이 흩어졌고, 화교회관 건립도 무산되었다. 중국인들은 시가보다 많은 땅값을 받았지만 회관 설립을 지원했던 대만 정부에게는 국가적 자존심이 허락하지 않는 일이었다. 결국 대만 정부 측의 항의가 이어졌고, 1972년 9월 서울시장이었던 양택식을 비롯해 개발업무를 담당했던 서울시 간부들은 대만을 방문해 장경국 총통 등을 만나 사죄하였다.

조선호텔

朝鮮호텔

Chosen Hotel

조선호텔은 경부선, 경인선, 경원선 등 여러 철도간선이 완공됨에 따른 외국인의 유입이 많아지며 필요성이 대두되었고 1914년에 건립되었다. 당시 한식당·양식당·커피숍·라운지 등 일류시설을 자랑하였으며, 한반도의 영빈관 역할을 하였다.

19세기 말 개항장開港場을 중심으로 문호가 개방되고 1896년 역원제驛院制가 폐지되면서 숙박료를 받는 근대적 숙박시설이 생기기 시작했다. 1888년 개항지 인천에 세워진 대불호텔, 한양 최초의 여관으로 알려진 1887년 시천여관市川旅館, 1897년 수표교 다리 근처에 위치한 한성여관漢城旅館, 같은 해 남산 일본인 거류지에 세워진 파성관巴城館 등이 대표적이다. 일본인을 위한 일본식 여관은 주로 남산과 경성역을 주변을 중심으로 발달하였다.

1899년 경인선 철도가 부설된 후 인천에서 경성으로 바로 이동이 가능해짐에 따라 1900년 전후로 경성 서대문역과 정동 근처에 서양식 호텔도 건립되었다. 1901년 무렵 프랑스인 마르탱(L. Martin)이 덕수궁 대안문(현 대한문) 앞에 팔레호텔(Hotel du Palais)을 세웠고, 경인선의 종착지였던 서대문 정거장에 스테이션호텔(Station Hotel)이 들어섰다. 1902년에는 손탁(Antoinette Sontag) 여사가 고종이 하사한 양관을 서양풍으로 장식하여 손탁호텔(Sontag Hotel)을 열었다.

1905년 경부선京釜線, 1906년 경의선京義線이 개통되어 1911년에는 만주까지 직통 운행이 가능해지고 1914년 경원선京元線이 개통되며 관광객과 여행객이 증가하였다. 조선총독부는 1912년 부산 철도호텔을 시작으로 신의주, 경성, 금강산, 평양 등 주요 철도역과 관광지를 중심으로 철도호텔을 설치하였다. 경성에는 1914년 환구단 자리에 독일인 건축가 게오르게 데 라란데(George de Lalande)가 설계한 조선 최대 규모의 철도호텔인 조선호텔이 건립되었다.

조선호텔은 1910년 이후 조선에서 각 철도간선이 완공됨에 따라 외국인의 서울 통과가 많아지자 양식 호텔의 필요성이 생겨 건립한 근대식 호텔로, 1914년 9월 20일에 준공되어 같은 해 10월 10일 개관하였다. 처음에는 남만주철도주식회사(약칭: 만철)가 건립했는데, 1920년대에 들어와서 조선철도국 직영이 되었다. 당시 규모는 대지 6,700평에 건평 583평, 서구식과 한국식을 겸한 4층 건물로 전체 객실 수 69실, 여객 수용인원 106명이었으며, 당시 일본 화폐로 84만 3,000원이 소요되었다.

호텔 설비는 당시 동양호텔 가운데 일류시설로 각 방에는 대부분 욕실이 갖추어져 있었고, 방마다 탁상전화·세면소가 있었다. 또한 큰 식당과 사교실이 있었고, 난방과 소방 시설, 주차장도 갖추고 있었다. 요리는 프랑스식을 주로 하였는데, 재료의 정선精選과 조리법이 매우 뛰어나서 서양인들도 찬탄했으며, 식당은 항상 붐볐다. 뒤뜰에는 3층의 팔각건물인 황궁우皇穹宇가 현존하고 있다.

1915년 4월 24일 조선호텔에서 열린 전 조선기자대회는 우리나라 호텔에서 열린 대규모 징식회합의 시초이다. 조선호텔은 일본에 의해 많은 서양 문물이 들어왔고, 한반도의 영빈관 기능도 겸비하였다.

1945년 8월 15일 광복 이후 조선호텔은 일본인에서 조선인으로 운영권이 넘어오게 되었으며, 미군의 군정청 사령부나 이승만 등의 집무실도 설치하게 되었다. 이후 이승만 정부는 탈일본화 정책으로 호텔 명칭을 일본어식인 'Chosen Hotel'에서 한국어식인 'Chosun Hotel'로 변경했다. 광복 이후 많은 외국인이 우리나라에 들어왔으나 마땅한 호텔이 없던 당시, 조선호텔은 1950년대 중반 이후까지 반도호텔과 더불어 가장 큰 호텔이었다. 특히 한때는 유엔군이 사용하기도 하였다.

본격적인 서양식 호텔로서 일제강점기 서울의 중심부 소공동에 신축된 조선호텔은 숱한 '한국 최초'의 신화를 남기며 한국의 정치·경제·문화의 중심지가 되어 왔다. 1914년 10월 10일자《매일신보》에 따르면 '진선진미한 조선호테루 낙성 – 본일부터 개업'이라고 기록돼 있다.

조선총독부 산하 철도국에 의해 '철도호텔'로 건립된 조선호텔은 지하 1층~지상 4층의 벽돌 건물에 52개의 객실·한식당·양식당·커피숍·로비라운지·도서실까지 갖춰 당시에는 유일한 초호화 건물이었다. 따라서 개관 후 국빈·고위관리·외국 인사들이 투숙하는 영빈관 역할을 도맡아왔으며 엘리베이터(수직열차)·아이스크림·뷔페·댄스파티·서구식 결혼식 등 서구문화를 국내에 처음 보여준 개화의 장이었다. 이번에 수록된 조선호텔의 사진그림엽서는 모두 30장이다.

그림 1　조선호텔 / 조선호텔 정원의 일부

'(경성백경)조선호텔 / 조선호텔 정원의 일부'라는 제목의 흑백 사진그림엽서이다. 왼쪽은 '조선호텔', 오른쪽은 '조선호텔 정원의 일부'라는 제목이 붙어 있다. 왼쪽은 조선호텔을 정면의 왼쪽에서 비스듬하게 올려다보며 촬영한 사진이며, 오른쪽의 사진은 조선호텔 경내에 있던 환구단(圜丘壇)의 부속건물인 황궁우(皇穹宇)를 정면에서 찍은 사진으로 보인다.

환구단은 하늘에 제사를 드리는 곳이다. 우리나라의 제천행사는 농경문화의 형성과 함께 시작된 것으로 보이며, 삼국시대부터는 국가적인 제천의례로 시행된 것으로 믿어진다. 983년(고려 성종 2) 정월에 처음 시행되어 설치와 폐지를 계속 되풀이하다가 조선 초에 제천의례가 억제되자 폐지되었다. 1456년(세조 2)에는 일시적으로 제도화하여 1457년에 환구단을 설치했다. 그러나 1464년(세조 10)에 실시된 것을 마지막으로 환구단에서의 제사는 중단되었다. 환구단이 다시 설치된 것은 1897년(고종 34)으로 조선이 대한제국이라는 황제국으로 이름을 바꾸고, 고종이 황제로 즉위하면서부터이다.

현재 환구단의 터에는 황궁우와 석고 3개가 남아있다. 황궁우는 1899년에 만들어진 3층의 8각 건물이며, 석고는 악기를 상징하는 듯한 모습으로 화려한 용무늬가 조각되어 있다. 1913년 일제에 의해 환구단은 헐리고 그 터에는 지금의 조선호텔이 들어서게 되었다. 우측 사진은 황궁우를 찍은 사진으로 보인다.

이 엽서에는 일본 시조인 와카[和歌]가 2편이 인쇄되어 있다. 먼저 상단부 와카는 "매미가 울고 / 병든 낙엽 떨어지는 옛 성터의 / 여름 해질 무렵의 / 참을 수 없는 외로움이여"라고 노래하고 있으며, 하단부의 와카는 "물은 맑고 / 나무 그림자는 좋은데 / 이런 상태로만 있어준다면"이라고 노래하고 있다.

그림 2　조선호텔 / 조선호텔 정원의 일부

〈그림 1〉과 동일한 흑백 사진그림엽서이다.

그림 3　경성 조선호텔

'(조선명소)경성 조선호텔'이라는 제목의 흑백 사진그림엽서이다. 호텔의 오른쪽 사면(斜面)에서 조선호텔 정면을 찍은 사진이다. 사진 정면에 일본 전통 복장인 기모노를 입은 여성이 한 명 서 있으며, 호텔 정문 앞에는 인력거가 한 대 보인다. 승용차와 운전기사로 보이는 사람도 확인된다.

그림 4 각국의 귀빈들이 모여드는 조선호텔

'(조선명소)각국의 귀빈들이 모여드는 조선호텔'이라는 제목의 흑백 사진엽서이다. 조선호텔 정면을 호텔의 왼쪽 사면에서 찍은 사진이다. 정원이 잘 조성되어 있는 것을 확인할 수 있다.

그림 5 경성 조선호텔

〈그림 3〉과 동일한 흑백 사진그림엽서이다.

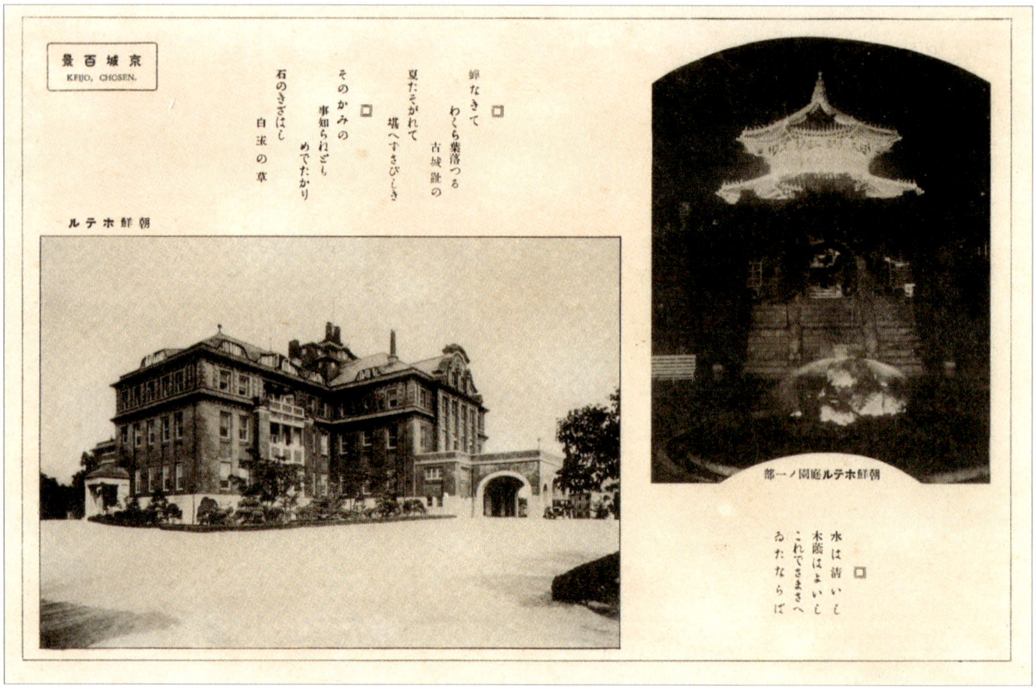

그림 6 조선호텔 / 조선호텔 정원의 일부

〈그림 1〉, 〈그림 2〉와 동일한 흑백 사진그림엽서이다.

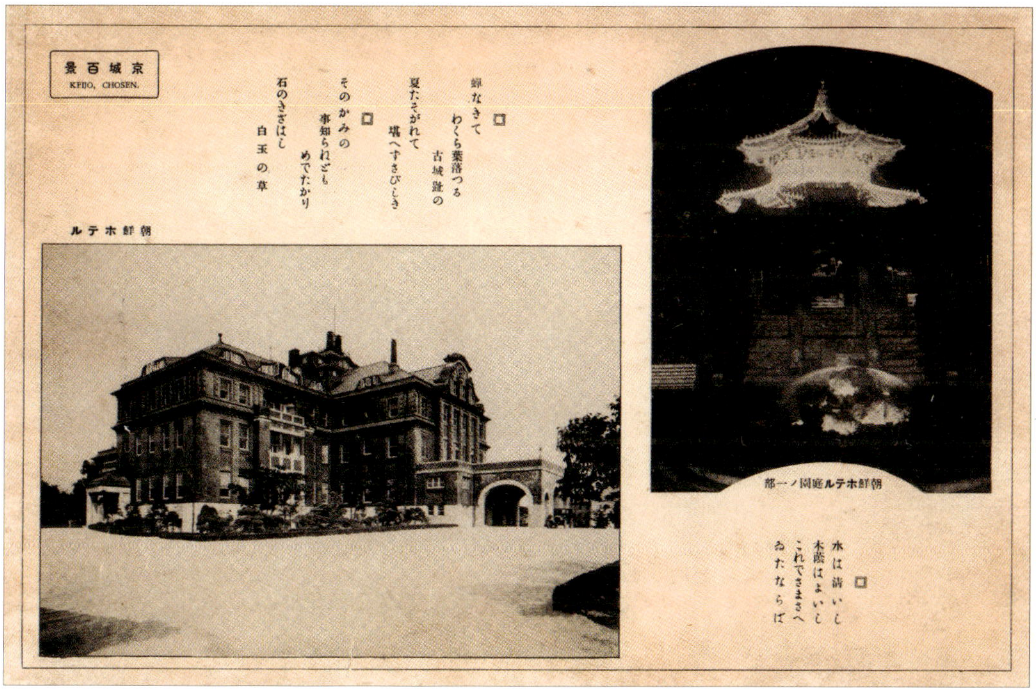

그림 7 조선호텔 / 조선호텔 정원의 일부

〈그림 1〉, 〈그림 2〉, 〈그림 6〉과 동일한 흑백 사진그림엽서이다.

그림 8 조선호텔 / 조선호텔 정원의 일부

'조선호텔 / 조선호텔 정원의 일부'라는 제목의 흑백 사진그림엽서이다. 왼쪽은 '조선호텔', 오른쪽은 '조선호텔 정원의 일부'라는 제목이 붙어 있다. 사진엽서의 구도와 제목은 〈그림 1〉과 동일하지만, 왼쪽의 사진은 조선호텔을 정면의 좌측에서 비스듬하게 올려다보며 촬영한 사진이며, 오른쪽의 사진은 황궁우를 중심으로 조선호텔의 정원을 촬영한 사진이다. 좌측의 사진에서는 승용차와 일본인으로 보이는 여성 등의 인물을 확인할 수 있다.

그림 9 조선호텔 / 조선호텔 정원의 일부

〈그림 1〉, 〈그림 2〉, 〈그림 6〉, 〈그림 7〉과 동일한 흑백 사진그림엽서이다.

그림 10 **각국의 귀빈들이 모여드는 조선호텔**

'(경성)각국의 귀빈들이 모여드는 조선호텔'이라는 제목의 흑백 사진그림엽서이다. 인물은 확인되지 않으나 호텔 정문 앞에 승용차들이 서 있는 모습이 보인다.

그림 11 경성 조선호텔

'(조선 명소)경성 조선호텔'이라는 제목의 컬러 사진그림엽서이다. 조선호텔의 오른쪽 정면을 찍은 흑백사진을 채색한 것으로 보인다. 조선 명소 사진엽서의 시리즈 중에 (26)호의 연번이 있는 엽서라고 생각되는데 한 가지 흥미로운 것은 이 사진엽서의 영문 제목 중에 오자가 있다는 점이다. 'chosen'이 'cdosen'으로 잘못 인쇄되어 있다.

일본 국제문화연구센터(日文硏) 데이터베이스에 보관되어 있는 동일한 사진엽서에는 정확하게 'chosen'으로 인쇄되어 있는 점도 흥미롭다.

그림 12 경성 시가의 중앙(웅장한 양관(洋館)은 우편국, 조선은행, 철도호텔, 경성일보사)

'(조선 명소)경성 시가의 중앙(웅장한 양관(洋館)은 우편국, 조선은행, 철도호텔, 경성일보사)'이라는 제목의 흑백 사진그림엽서이다. 남산에서 서울 시가지를 북쪽으로 찍은 사진으로 경성부청과 조선은행을 위시하여 식민통치기관이 자리한 지역을 조감한 사진이다. 철도호텔은 조선호텔의 다른 명칭이다.

그림 13 **경성 조선호텔**

〈그림 12〉와 동일한 컬러 사진그림엽서이다.

그림 14 **각국의 귀빈들이 모여드는 조선호텔**

'(경성)각국의 귀빈들이 모여드는 조선호텔'는 제목의 흑백 사진그림엽서이다. 건물 이외에는 인물이나 특징적인 사항은 확인되지 않는다.

그림 15　각국의 귀빈들이 모여드는 조선호텔

〈그림 15〉와 동일한 흑백 사진그림엽서이다.

그림 16　각국의 귀빈들이 모여드는 조선호텔

'(경성)각국의 귀빈들이 모여드는 조선호텔'는 제목의 흑백 사진그림엽서이다. 조선호텔을 정문의 오른쪽 사면에서 찍은 사진이다. 〈그림 4〉와 사진 구도는 매우 유사하지만, 제복을 입은 인물이 확인되는 다른 사진이다.

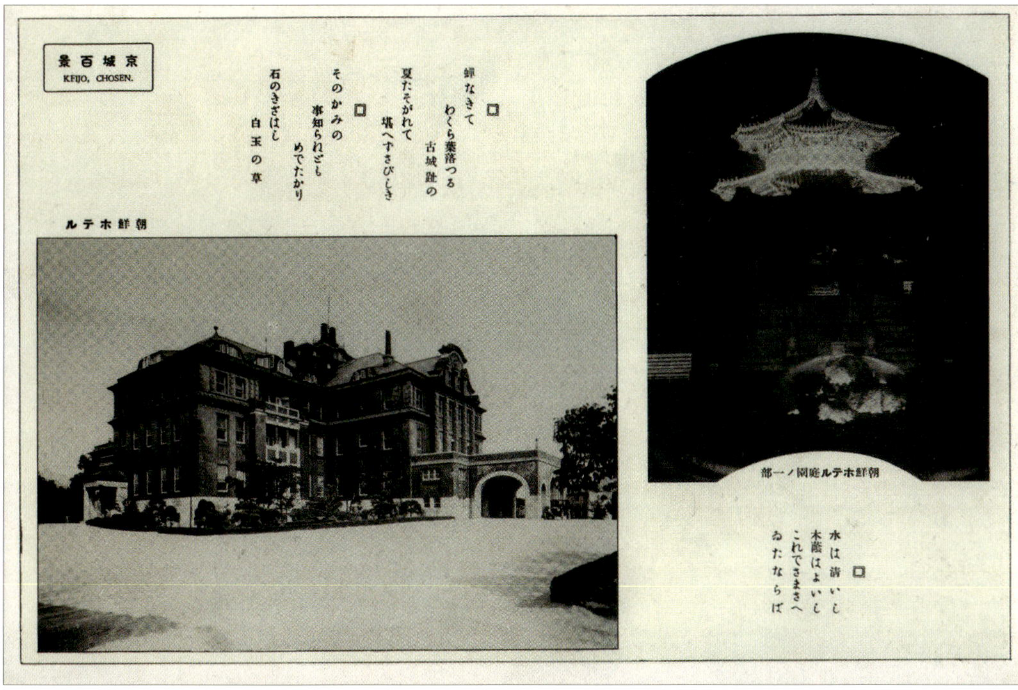

그림 17 조선호텔 / 조선호텔 정원의 일부

〈그림 1〉, 〈그림 2〉, 〈그림 6〉, 〈그림 7〉, 〈그림 10〉과 동일한 흑백 사진그림엽서이다.

그림 18 경성 조선호텔

〈그림 12〉, 〈그림 14〉와 동일한 컬러 사진그림엽서이다.

그림 19　조선총독부 시정 4주년 기념 경성 조선호텔(철도국 국영) / 진남포 축항 계선벽

'조선총독부 시정 4주년 기념'이라는 제목의 컬러 사진그림엽서이다. 상단은 '경성 조선호텔(철도국 국영)', 하단은 '진남포 축항 계선벽'이라는 제목이 붙어 있다. 엽서 중앙에 스탬프가 찍혀 있는데 '조선총독부'와 '대구'라는 글자가 확인된다. 조선총독부 시정 4주년이라는 제목에서 1914년에 제작된 그림엽서로 추정이 된다.

그림 20　경성 조선호텔

'(조선명소)경성 조선호텔'이라는 제목의 흑백 사진그림엽서이다.

그림 21　경성 조선호텔

〈그림 20〉과 동일한 구도의 흑백 사진그림엽서이다. 그러나 제목의 위치와 명암의 차이를 보인다.

그림 22 경성 조선호텔

〈그림 20〉과 동일한 흑백 사진그림엽서이다.

그림 23 경성 조선호텔

그림 24　경성 조선철도국호텔

'(조선명소)경성 조선철도국호텔'이라는 제목의 흑백 사진그림엽서이다. 조선호텔의 정원이 잘 가꾸어진 모습을 확인할 수 있다.

오늘날 〈그림 24〉와 같은 구도에서 바라본 모습

1914년 건립된 조선호텔은 광복 이후 미군정청의 사령부가 들어오기도 했다. 1970년에 이르러 기존의 건물을 철거 및 신축하였다.

그림 27　우이동의 벚꽃 / 경성 조선호텔

아이를 업은 엄마의 그림을 배경으로 사진 2장이 실려 있다. 좌측 사진은 '우이동의 벚꽃'(영문: 서울 근교의 벚꽃), 우측 사진은 '경성 조선호텔'(영문: 경성 조선호텔)이라고 제목의 흑백 사진그림엽서이다. 당시에는 우이동이 벚꽃으로 유명했다는 것을 알 수 있는 사진그림엽서라고 하겠다. 조선호텔 사진은 호텔 왼쪽 정원의 모습을 확인할 수 있다.

그림 28 경성 조선호텔 철도국 직영

'경성 조선호텔 철도국직영'라는 제목의 흑백 사진그림엽서이다. 흑백 사진그림엽서에 채색을 한 것으로 보인다. 조선호텔 정면을 오른쪽 사면에서 찍은 사진으로 환궁우 건물이 호텔 후면에 찍혀 있다. 정원이 잘 가꾸어져 있는 것도 확인되는 사진그림엽서이다. 그리고 조선호텔을 조선철도국이 직영하고 있다는 점을 제목에서도 알 수가 있다.

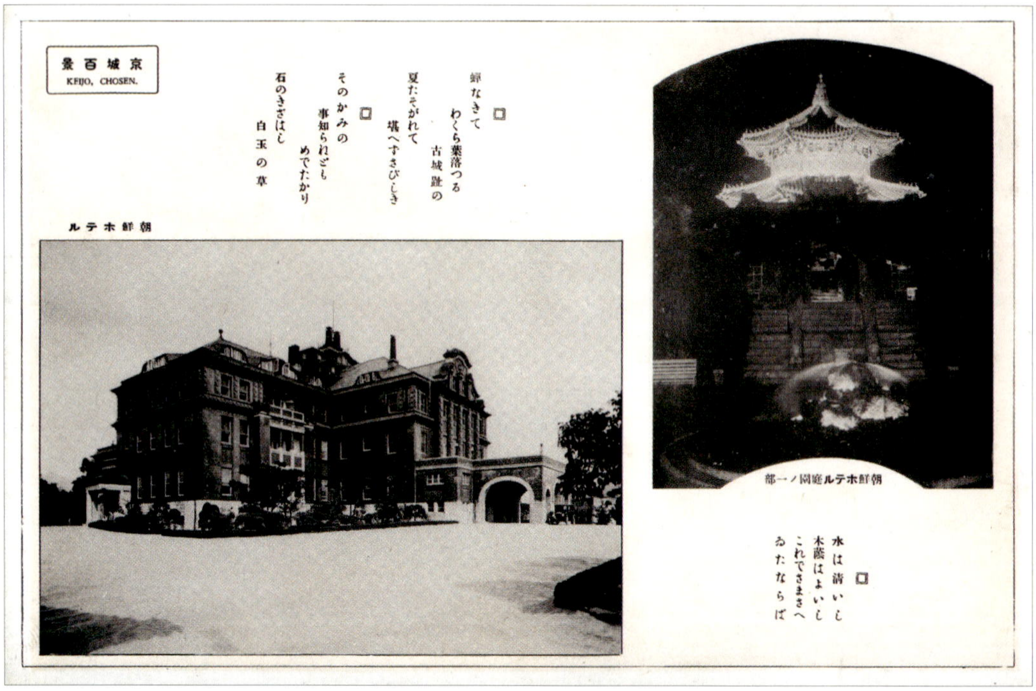

그림 29 조선호텔 / 조선호텔 정원의 일부

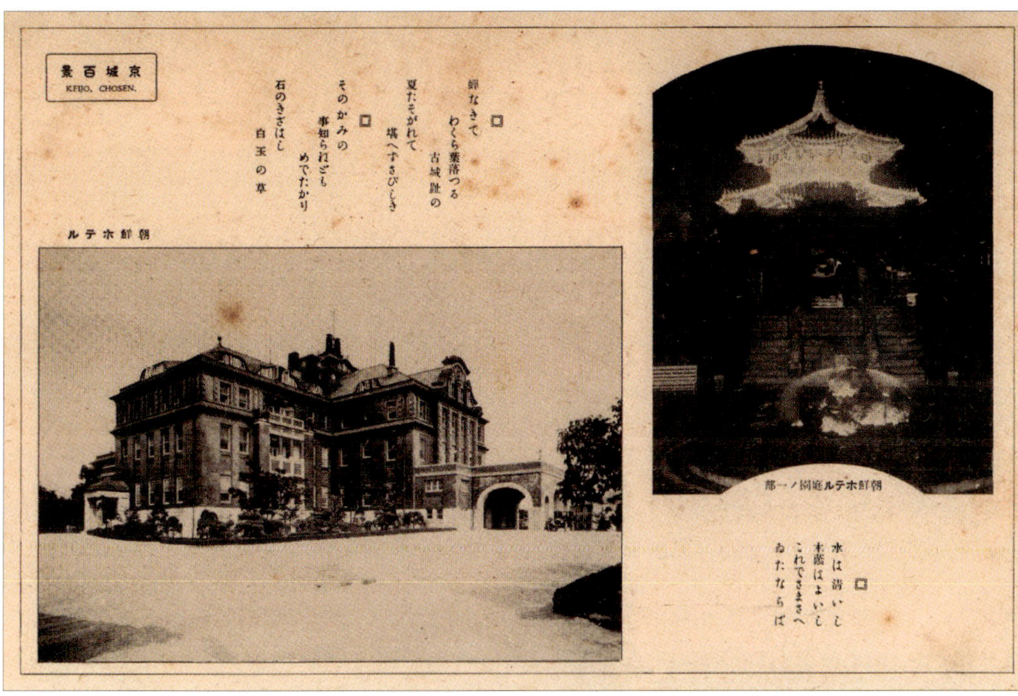

그림 30　조선호텔 / 조선호텔 정원의 일부

경성상업회의소

京城商業會議所

Chamber of commerce in Keijo

경성상업회의소는 한국인과 일본인이 별도로 운영하던 경성상업회의소와 경성일본인상업회의소를 해산 및 재결성한 단체이다. 1915년에 설립되었는데, 시간이 지날수록 점차 일본인 회원의 주도로 운영되었다. 1932년 조선상공회의소의 설립 후 그 일원이 되었으며, 명칭도 경성상공회의소로 변경되었다.

외국 상인과 보부상에 대응하여 종로의 시전상인들이 1884년 한성상업회의소를 결성하였다고 하나 알려진 바가 없다. 갑오개혁의 일환으로 공포된 〈상무회의소규례〉에 따라 1896년 한성상무회의소가 설립되었으나 규례를 만든 정권이 실각하면서 폐지되었다. 화폐개혁으로 금융경색을 겪던 종로 시전상인들은 1905년 7월 경성상업회의소를 결성하고 구제책과 통감부 정책 시정을 요구하였다. 한편 1886년 100여 명 남짓이던 한성 일본인들은 '경성일본인상업회의소'를 설립하였고, 1904년에는 일본 〈상업회의소법〉에 따라 조직을 개편하였다.

한국인과 일본인이 별도로 운영하던 경성상업회의소와 경성일본인상업회의소는 1915년 7월 공포된 〈조선상업회의소령〉에 따라 해산하고 1915년 12월 한국인과 일본인이 같이 참여하는 경성상업회의소를 다시 결성하였다.

서울 시전상인들과 일본인들이 인원과 자본의 빈약함을 극복하기 위해 각각 상업회의소를 설립하여 운영하는데, 일제는 조선을 지배할 제도를 정비하는 과정에서 〈상업회의소령〉을 공포하여 일본인과 한국인의 상업회의소를 통합하고 의법단체로 전환한 것이다.

일제는 이를 통해 지방경제의 동향을 파악하고, 감독하고 일본인들의 경제활동을 지원하였다. 경성상업회의소도 서울 경제인들이 이익을 도모하기 위해 결성한 의법단체였으나, 실제로는 일제가 서울의 경제인들을 감독하고 통제하도록 하여 일본 경제인들의 이익을 구현하게 하는 통로로 기능하였다.

경성상업회의소는 1915년 7월 14일 공포된 제령 제4호 〈조선상업회의소령〉과 같은 해 8월 10일 공포된 조선총독부령 제78호와 제79호 시행령과 시행규칙에 의해 설립된 경성의 경제인 단체이다.

이들 법령에 따라 별도로 운영되던 경성일본인상업회의소와 한국인들의 경성상업회의소가 통합되어 1915년 12월 지방단위 법인으로 경성상업회의소가 설립되었다. 1915년 12월 인가

된 경성상업회의소의 정관과 의사세칙에 따라 조직은 회두와 부회두로 구성되는 역원회, 회비의 액수 따라 구분되는 1급 평의원과 2급 평의원으로 구성되는 평의원회, 사업을 집행하는 집행부로 이루어졌다. 역원과 회원의 임기는 2년이었고, 회원 자격은 지구 내에 영업소나 사업소를 가진 사람과 법인으로 정했으며, 회원은 법으로 정해진 회비를 납부하도록 하였다.

창립총회 당시 경성상업회의소는 회두 1인(原田金之祐)과 부회두 2인(西村道彦, 趙鎭泰), 30인의 평의원(일본인 24인, 조선인 6인)과 회원으로 구성되었다. 이후 1944년 10월까지 12대가 이어졌으나 회원과 평의원의 규모는 변동이 심했다.

특히 한국인 회원은 매회 1/3은 넘지 못하였고 그 비중은 점점 적어졌다. 그 결과 경성상업회의소는 일본인들이 주도하였으며, 제5대(1923. 12.~1925. 12.)에 보궐선거로 회두에 선출된 토목업자 와타나베 데이이치로[渡邊定一郎]은 제8대까지 회두를 지내 1920년대 서울에 있던 일본인 토목업자들의 위상을 보여준다.

이후 제령 제94호 〈조선상공회의소령〉과 조선총독부령 제95호 동 시행령이 1930년 11월 공포됨에 따라 임의단체 조선상업회의소연합회는 1932년 1월 1일 공법인 조선상공회의소로 전환되었다. 그에 따라 경성상업회의소는 조선상공회의소의 일원이 되었으며, 명칭도 경성상공회의소로 바뀌었다.

태평양전쟁으로 전시경제체제로 전환한 조선총독부는 1944년 8월 제령 제30호 〈조선상공경제회령〉과 조선총독부령 제300호와 301호로 동 시행령과 시행규칙을 공포하였다. 이에 따라 상공회의소는 행정구역인 도道를 중심으로 반관반민의 단체인 상공경제회로 개편되었고, 경성상공회의소도 경성상공경제회로 전환되었다.

경성상업회의소의 주요 사업은 총독부의 상공업 정책에 관해 건의하거나 진정하는 것으로, 이를 위해 조사와 연구를 추진하였고, 조사와 연구 결과를 널리 알리기 위해 간행사업을 전개하였다. 1916년 1월부터 경성상업회의소 월보인 《경제월보》를 발간하였으며, 통권 24호까지 간행하였다. 1918년 1월부터는 《조선경제잡지》로 개칭하여 발간하였으며, 《조선경제잡지》는 제25호로 시작하여 1932년 1월 제193호까지 발간하였다. 1932년 2월부터 《경제월보》로 개칭하면서 본격적인 잡지로 발전하였다.

경성상공회의소 시절에는 경성상공회의소 《통계연보》, 《조선회사표》, 《경성상공명감》, 《경성에 있어서의 공장조사》, 《조선산업경제편람》, 《경성상공회의소 사업성적보고서》, 경성상공회의소 상담소 소보 등을 정기적으로 간행하였고, 1920년대 중반 이후 서울지방 경제에 관해 활발한 간행사업을 전개하였다.

한편 사무소를 위한 건물 건립에 노력하여 1917년 9월부터 구체적인 활동에 들어갔다. 조선총독부가 부지를 무료로 빌려주고 약 13만 3,000원의 건축비를 마련하여 1920년 7월 서울 소공동에 경성상업회의소 건물을 마련하였다. 이후 1934년과 1937년 건물을 증축하였다. 이번 수록된 상공회의소의 사진그림엽서는 모두 2장이다.

그림 1 경성상업회의소

'(경성)상업회의소'이라는 제목의 흑백 사진그림엽서이다. 사진에는 경성상업회의소 건물 앞을 지나다니는 한복이나 양복을 입은 사람들의 모습과 인력거 등도 확인된다. 배경에는 인왕산이 보인다. 당시의 장곡천정(長谷川町) 조선호텔 맞은편에 있던 경성상업회의소(京城商業會議所)의 전경이다. 경성상업회의소 출입구 위쪽에는 상업회의소(商業會議所)라는 글자가 새겨져 있다. 1915년 7월에 통합 경성상업회의소가 발족하였고, 기구의 회관으로 경성상업회의소가 1920년 7월 준공되었다. 경성상업회의소 2층 경성 공회당(京城公會堂)에서는 다양한 집회와 강연, 유명 예술가들의 공연이 벌어졌다. 경성상업회의소는 1930년 5월 경성상공회의소로 개칭되었다.

오늘날 〈그림 1〉과 같은 구도에서 바라본 모습

경성상업회의소 건물은 1920년 7월 소공동에 건립되었다. 광복 이후 1985년 한화에서 부지를 구입하였고, 1997년 한화빌딩이 건립되어 현재에 이르고 있다.

그림 2 경성상업회의소

〈그림 1〉과 동일한 흑백 사진그림엽서이다.

05

정동

貞洞

Jeong-dong

정동은 한성부 서부에 해당하는 지역으로 황화방 및 호현방 일부 지역을 말한다. 1876년 강화도 조약 이후 각국의 공사관과 영사관이 들어섰고 뒤이어 배재학당, 이화학당 등 서양식 교육기관, 정동교회, 손탁호텔 등이 설립되기도 했다. 한일병합 이후 1914년 경기도고시 제7호에 의해 서부 대정동과 소정동을 합쳐 정동이라 명명되었다. 일제강점기에도 서양인 거주의 중심지로 기능하였다.

정동 개설

貞洞
Jeong-dong

정동은 한성부 서부에 해당하는 지역으로 황화방 및 호현방 일부 지역을 말한다. 1876년 강화도 조약 이후 각국의 공사관과 영사관이 들어섰고 뒤이어 배재학당, 이화학당 등의 서양식 교육기관과 정동교회, 손탁호텔 등이 설립되기도 했다. 한일병합 이후 1914년 경기도고시 제7호에 의해 서부 대정동과 소정동을 합쳐 정동이라 명명되었다. 일제강점기에도 서양인 거주의 중심지로 기능하였다.

정동貞洞은 조선 초기 한성부 서부 황화방과 호현방 일부 지역이었으며, 1751년(영조 27)에 간행된 《도성삼군문분계총록》에 의하면 한성부 서부西部 황화방 소정동계로 되어 있었다. 1894년 갑오개혁 뒤 정동은 서서西署 황화방 군기시계 대정동과 소정동으로 되었다. 1914년 4월 1일 경성부 구역 획정에 따라 경기도고시 제7호에 의해 서부 대정동과 소정동을 합쳐 정동이라 하였으며, 1936년 4월 1일 조선총독부령 제8호에 의해 정동정貞洞町으로 개칭되었다. 1943년 6월 10일 조선총독부령 제163호로 구제區制가 실시되면서 서대문구 정동정이 되었다.

정동의 명칭은 신덕왕후神德王后의 무덤인 정릉이 이곳에 있었던 것에서 유래하였다. 신덕왕후 강씨는 태조의 계비가 되었지만 1396년(태조 5) 8월 세상을 떠났다. 태조는 이곳에 왕후의 능을 만들게 하고 원찰願刹로 흥천사興天寺를 건립하였다. 원래 도성 내에는 무덤을 쓰지 못하게 되어 있었지만 태조는 개의치 않았다. 하지만 1398년(태조 7) 제1차 왕자의 난으로 신덕왕후의 아들이자 세자였던 방석이 살해당한다. 왕자의 난을 주도한 이방원은 정종에 이어 태종으로 등극하였다.

태종은 도성 내에 있던 정릉도 오늘날 성북구 정릉동에 해당하는 양주로 이장시켰고, 능에 사용된 석물들은 광통교 공사를 위한 자재로 사용하였다. 신덕왕후에 대한 태종의 원한이 얼마나 컸는지를 잘 보여주는 일화라고 하겠다. 한편 임진왜란 때 의주로 피난갔다 돌아온 선조는 당시 이곳에 있던 성종의 형 월산대군의 사저를 행궁으로 삼았다. 광해군을 반정으로 몰아내고 왕위에 오른 인조도 이곳에 있던 석어당에서 인목대비로부터 옥새를 받았다.

근대에 들어서면서 정동은 역사의 중심지로 부상하게 된다. 1876년 강화도조약 이후 외국과 수교하면서 미국(1883), 영국(1884), 러시아(1885), 프랑스(1889), 독일(1891), 벨기에(1901), 이탈리아(1902) 등 각국의 공사관과 영사관들이 속속 들어섰다. 덕분에 정동은 조선에 거류하는 서양 외교관이나 선교사들의 중심지가 되었다. 정동은 도성 내 일종의 조계지처럼 되었다.

을미사변으로 명성황후가 시해당하자 신변이 위험해진 고종이 정동에 있던 러시아공사관으로 피신한 것도 그 주변에 외국 공관들이 있었기 때문이었다. 열강의 후발주자로 편승하고자 했던 일본은 서양의 눈을 의식하지 않을 수 없었다. 서양인들이 많았던 정동에서는 명성황후를 시해하던 것과 같은 잔인하고 비도덕적인 방법을 쉽사리 쓸 수 없었다. 정동에 있던 러시아공사관을 나와 경복궁이 아닌 정동에 있던 경운궁으로 돌아간 것도 서양인들의 힘을 이용해 일종의 세력균형을 이루고자 했기 때문이었다.

한편 정동에는 공사관과 영사관들 이외에도 배재학당과 이화학당 등 서양식 교육기관, 선교사가 세운 정동교회 그리고 서양인들 사교의 중심지였던 손탁호텔이 있었다. 서재필이 세운 독립신문사도 이곳 정동에 있었다. 대한제국 정부 역시 원수부, 궁내부, 무관학교, 육영공원, 서북철도국, 전환국 등의 기관을 이곳 정동에 두었다. 정동은 고종이 추진하던 광무개혁의 중심지였다고 하겠다.

또한 정동은 서양인들과의 교류의 중심지이자 대표적인 사교의 장이 되었다. 각국의 외교관들은 이곳에서 정보를 교류했다. 러시아공사 베베르의 처형인 손탁(Sontag)은 이곳에 호텔을 세웠다. 그녀는 황실의 의전과 연회를 담당했다. 또한 그녀는 우리말을 비롯해 영어, 러시아어, 독일어, 프랑스어를 능숙하게 구사할 수 있었고, 고종의 신임을 얻었다. 손탁호텔을 지을 때도 고종은 직접 내탕금을 주었다. 이권을 얻으려는 서양인들은 그녀를 통해야 했다. 그녀는 이용익과 같은 고종의 측근들을 비롯해 대한제국의 고위관료들도 친밀한 사이를 유지했다. 손탁호텔은 궁궐에 비견되는 정치와 외교의 중심지였다.

을사조약 당시 이토 히로부미[伊藤博文]도 정동에 있던 손탁호텔에서 머물면서 침략을 지휘했다. 통감부시기 화폐정리사업과 대한제국의 재정권을 장악하기 위해 온 메가타 다네타로[目賀田種太郎] 역시 손탁호텔에서 머물렀다.

일제강점기에도 정동은 서양인 거주의 중심지였다. 을사조약 이후 미국과 영국 등은 공사관을 철수시켰지만 자국 선교사나 사업가들의 편의와 안전을 위해서 영사관은 남겨놓았다. 물론 이 시기가 되면서 일제는 식민통치를 위한 다양한 기관들을 이곳에 세웠다. 식민지 사법기관인 고등법원이 들어섰고, 영국영사관 옆에는 경성방송국이 들어섰다. 경운궁은 1919년 고종이 승하하여 주인 없는 궁이 되면서 훼손되었다. 1920년대 궁궐과 미국영사관 사이에 담장 길이 조성되어 궁역이 둘로 쪼개졌고, 1933년 일반에게 공원으로 공개되면서 본격적으로 훼철되었다. 이때 석조전은 미술관이 되었고 1935년에는 돈덕전 자리에 동물원을 신설하기도 했다.

한편 정동은 1919년 3·1운동 당시 주요 만세 시위 장소 중 하나였다. 1919년 3월 1일 탑골공원을 나와 종로를 메운 만세 인파는 기하급수적으로 늘었다. 일제 군경은 섣불리 진압하지 못했다. 군중들이 향한 곳 중 하나가 정동에 있던 경운궁 그리고 외국 영사관 건물이었다. 미국과 영국 등 외국 영사관으로 향한 것은 파리강화회의를 주도하고 있던 열강 외교관들에게 독립 의지를 전달해 줄 것을 요구하기 위함이었다. 경운궁 대한문 앞에서의 시위대 중에는 독립을 당위성을 주장하는 연설을 하거나 고종의 시신을 알현하겠다고 궁궐 안으로 진입을 시도하는 사람들도 있었다. 일부는 시신이 안치되어 있던 함녕전 앞까지 들어가 만세를 외치기도 했다.

광복 후인 1946년 10월 1일 정동은 일제식 동명을 우리 동명으로 바꿀 때 일제가 붙였던 정동정에서 다시금 정동으로 바뀌었다. 오늘날과 달리 정동은 1943년 구제區制가 실시된 이후에도 한동안 서대문구에 속해 있었는데, 1975년 10월 1일 대통령령 제7816호에 의해 현재처럼 중구에 소속되었다.

오늘날에도 정동에는 각국 대사관과 문화시설들이 들어서 있다. 네덜란드대사관, 캐나다대사관, 영국대사관, 러시아대사관를 비롯해 미국대사관저가 있다. 일제강점기 고등법원은 광복 후 대법원 건물로 쓰이다가 대법원이 서초동으로 이전하면서 서울시립미술관으로 쓰이게 되었다. 서울시청 별관도 이곳에 있으며, 배제학당은 오늘날 박물관으로 이용되고 있다. 한편 1990년 소련과 수교를 하면서 서울시가 1970년 민간에 불하한 옛 러시아공사관 부지가 문제가 되었다. 1946년 당시 좌우대립이 심해지면서 소련 외교관들이 철수했지만 건물과 부지를 매각하고 떠난 것은 아니었다. 때문에 소유권은 소련 측에 엄연하게 남아있었다. 결국 1996년 양국은 협상 끝에 대사관 신축비의 일부를 보전해주기로 합의하였고, 서초동에 있었던 러시아대사관은 2001년 옛 부지를 바라볼 수 있는 오늘날의 위치로 이진하였다.

경성방송국

京城放送局

Keijo Broadcasting Station

경성방송국은 1927년 한반도에서 최초로 세워진 방송국으로 일제 내에서도 도쿄, 오사카, 나고야에 이어 네 번째로 개국하였다. 조선총독부는 한반도 통치 수단으로서 방송국 설치의 필요성을 인식하였고, 이러한 역사적 배경하에 만들어지게 되었다. 광복 이후 미군정청 공보부 방송국, 서울중앙방송국을 거치며 공영방송의 모체가 되었다.

경성방송국은 1927년 2월 16일 호출 부호 'JODK', 출력 1kw, 주파수 690kHz로 일본인에 의해 우리나라 최초로 세워진 방송국으로 일제 식민 통치를 위해 활용된 언론 기관이다. 경성방송국은 일본 제국 내에서는 도쿄(JOAK), 오사카(JOBK), 나고야(JOCK)에 이어 네 번째로 개국한 라디오 방송국이었다. 호출 부호 'JODK'는 'JO'가 일본 고유의 콜 사인이고 'DK'는 도쿄 'AK', 오사카 'BK', 나고야 'CK'에 이어 대일본제국의 네 번째 방송국을 뜻한다. 일본에서 최초로 도쿄방송국이 개국한 것은 1925년 3월이었다. 경성방송국의 개국은 1927년으로 1920년 미국에서 세계 최초로 라디오방송이 시작된 지 7년 만이었으며, 정규 라디오방송은 미국, 영국, 프랑스, 독일, 일본에 이어 세계에서 6번째였지만 국권을 잃은 상태였기 때문에 무의미한 기록으로 남아있다.

조선총독부는 한반도 통치 수단으로서 방송국 설치의 필요성을 인식하여, 1924년 11월 29일 기자들을 상대로 조선총독부 체신국(현 광화문 KT빌딩) 안에 무선실험실을 설치하고 첫 방송 실험을 했다. 이어서 같은 해 12월 10일 일본전보통신 경성지국이 체신국에서 쏘아 올린 방송 전파가 미쓰코시 오복점(현 신세계 백화점) 3층에 설치된 나팔형 전기 확성기(스피커)를 통해 음악으로 울려 퍼진 것은 우리나라에서 라디오 시대의 개막을 알리는 신호탄이었다. 같은 해 12월 17일 조선일보사에서 민간방송국 설립을 위해 시도한 시험방송은 조선인이 주관한 첫 라디오 방송이었다. 이날 관철동 우미관에서 열린 시연회 행사장에는 서울은 물론 인천, 수원, 개성, 의정부 등지에서 3천여 명의 인파가 몰려 입장권 배부처 옆 도로는 전차 통행이 어려울 지경이었다고 전해진다.

조선일보사는 이 방송을 무선전화 방송이라 하여 12월 17일부터 19일까지 하루 세 차례씩 이어졌다. 3일간 아나운서 역할을 한 사람은 한국 최초의 여기자 최은희였다. 후일 최은희는 당시를 "조선일보사가 수표동 납작한 기와집에 있을 적이었다. 사장실이 송신기를 설치한 임시 방송실이었다. 벽과 창에 광목 휘장을 둘러 방음장치를 하고…… 둥글납작한 마이크가 방송실

복판에 놓였으며 안테나도 옥상에 세워져 있었다."고 회고했다. 당시는 라디오 수신기가 보급되지 않을 때여서 시내 우미관 극장에 대형 확성기를 설치하여 일본인이 객석에서 방송을 들을 수 있도록 했다.

조선일보사는 서울에서의 성공에 이어 인천, 수원, 개성, 영등포 등지에서도 방송 공개 시험을 했다. 1925년 11월 1일부터는 울산, 경주, 포항 등 영남권 30여 개 지역을 도는 대규모 순회 방송도 했다. 조선일보사가 라디오방송에 적극적이었던 것은 민간방송국을 개국하기 위한 포석이었다. 그러나 일제는 조선일보사를 포함하여 11개 단체가 신청한 민간방송국 설립을 허가하지 않고 경성방송국만 허가했다. 경성방송국은 1926년 11월 30일 '반도 민중의 문화를 계발하여 복리를 증진시킨다.'는 명분으로 설립을 위한 준비가 진행되었다. 이에 앞서 조선총독부의 주도로 경성방송국 발기인 총회를 연 것은 1926년 2월이었다. 이사장은 일본인이었지만 개국 당시 직원 중에는 한국인도 몇 명 있었다. 그 대표적인 인물로는 전설적인 무용가 최승희의 오빠 최승일이 있었다. 경성방송국은 1926년 12월 서울 중구 정동 1번지(현 덕수초등학교)에 2층 건물을 준공하고 2개의 안테나 철탑을 설치한 뒤 1927년 1월부터 틈틈이 시험방송을 내보냈다. 그리고 1927년 2월 16일 오후 1시, 일본어로 "여기는 경성방송국입니다. JODK"로 시작되는 라디오 전파를 쏘아 올리면서 한국방송사의 첫 페이지를 장식했다. 콜 사인은 일본인 방송 주임 미쓰나가가 일본어로 진행하였으며 곧이어 한국 최초의 여성 방송인이자 아나운서였던 이옥경이 한국어로 동시통역하는 방식으로 진행되었다. 방송국 부지는 높은 지대를 고려해 해발 84m의 정동 1번지로 정해졌는데 당시만 해도 큰 건물이 없어 시내가 한눈에 내려다보이는 고지대였다. 완공 당시 경성방송국 사옥은 대지 190평, 지하 1층 지상 2층에 방송용 첨탑을 갖춘 건물이었다.

개국 당시 경성방송국은 단일 채널을 통해 한국어와 일본어를 혼합한 방송을 조선총독부 체신국 검열과의 사전검열을 거쳐 방송했다. 처음에는 한국어와 일본어 방송 시간 비율이 1:3이었다가, 1927년 7월부터 2:3의 비율로 바꾸어 방송하였다. 일본어 방송은 주로 경제 시황 보도가 많았으며, 한국어 방송은 물가 시세·일기예보·공지 사항 등이었다. 개국 당시 뉴스는 오후 3시 50분과 오후 7시로 두 차례 방송되었는데 이는 방송국 직속 기자가 없이 통신에 의존했기 때문이었다. 2년 후 1929년 9월부터는 일본 도쿄방송국과 중계방송망을 구축하면서 일본방송을 그대로 중계하기 시작했다. 이로써 독자적인 프로그램은 편성하지 않고, 다만 우리나라의 국악과 기상통보 및 물가 시세만 추가 편성하였다. 당시 라디오방송은 지금처럼 연속적으로 진행된 것이 아니라, 한 프로그램이 끝나면 방송이 중단되었다가 다시 방송 시간이 되면 다른 프로그램을 송출하는 방식으로 운영되었다. 또한 초기에는 방송 출력이 낮아서 경성 일대에만 방송 송출이 가능했으며 장비와 인력 부족으로 방송 시간도 불규칙했다.

또한 6년여에 걸쳐 실시된 단일방송은 청취자들의 불만을 초래하여 수신기 보급의 부진과 경영난의 원인이 되었다. 조선총독부는 이를 해결하고 전국적인 방송망을 대폭 증강하기 위하여 1932년 사단법인 경성방송국을 사단법인 조선방송협회로 개칭하고 1933년부터 일본어로 방송하는 900kHz의 경성 제1 방송과 한국어로 방송하는 610kHz의 경성 제2 방송으로 나누어 두 개의 채널을 이용하여 한국어 방송과 일본어 방송을 따로 진행했다. 동시에 방송기술과 장비의 발달이 이루어지고 뉴스, 드라마 등의 방송 내용도 크게 인기를 끌기 시작하면서 한국인 청취자가 증가했다.

이후 1935년 7월에는 경성중앙방송국으로 개칭하고 9월의 부산방송국 개국을 시작으로 1945년 일본이 패전할 때까지 10년여에 걸쳐 평양·청진·이리(지금의 익산)·함흥·대구·광주·대전·원산·해주·신의주·목포·마산·춘천·성진·강릉·청주에 지방 방송국을 개국했다. 지방 방송국을 증설하면서 라디오 청취자 수도 증가했으며, 특히 한국인 청취자의 비율이 빠르게 늘어났다. 개국 당시 1,400대 정도의 라디오 수신기가 보급되었는데, 일제 말기에는 라디오 수신기 보급이 40만 대에 이르렀다. 당시 라디오 수신료는 월 2원으로 쌀 한 가마니 가격이 5원이었음을 생각하면 꽤 고가의 수신료였다. 수신료를 내면 허가장을 발급받고 이를 문 앞에 부착해야 했다. 이러한 수신료 징수제도는 영국의 BBC가 선을 보인 방식인데, 일본의 일본방송협회가 이를 참고했으며, 조선방송협회는 이를 다시 참고한 것이다. 라디오 수신기 역시 고가품으로 1~2명이 청취 가능한 수신이 약한 수신기는 10~15원, 가족용 수신기는 100원, 고급수신기는 4,000원을 호가했다.

방송 내용은 제1방송은 주로 도쿄방송의 중계가 위주였으며, 제2방송은 국악과 방송극을 중심으로 한 연예 오락과 우리말 강좌를 비롯한 교양 교육, 스포츠 중계를 비롯한 각종 보도 내용 등으로 다양하게 편성되었다. 그러나 한국어 방송의 모든 내용은 조선총독부의 엄격한 통제 하에서 그들의 정신 및 문화적 침투 목적에 부합되도록 강요되었다. 특히, 1937년 중일전쟁 이후에는 연예, 오락 위주의 방송 편성은 지양되고 전시 동원과 선전을 위한 방송의 전쟁수단화정책을 더욱 강화하여, 방송은 단지 전쟁수단을 위한 도구로 철저히 통제당하였다. 이에 따라 내선일체와 황민화 정책의 강화를 꾀하여 조선어 방송으로 운용되던 제2 방송에 일본어 강좌 방송이 시작되고 일본어 방송도 증가했다. 1941년부터 시작되는 태평양전쟁 중에는 일본 제국의 총동원체제의 정책에 따라 선전방송으로 이용되었다. 1942년부터는 한국어 방송이 중단되고 영어식 용어 사용이 금지되었으며, 1942년 말에는 단파 방송 밀청 사건이 일어나 경성방송국 관계자와 관련자들이 옥고를 치르기도 했다. 1945년 8월 13일에는 청진방송국이 소련이 참전하여 방송을 장악할 것을 우려한 일본 제국 육군에 의해 폭파되어 사라지기도 했다. 1945년 8월 15일 정오 히로히토 천황의 항복 방송도 경성방송국을 통해 일본 본토와 같은 시간에 한국 전역에 송출되었다.

경성방송국은 광복 이후 1945년 9월 15일 미군에 의해 접수되어 미군정청 공보부의 방송국으로 바뀌었다. 이 시점에서 'JODK'의 콜 사인도 소멸했다. 이후 경성중앙방송국은 서울중앙방송국으로 개칭되어 공영방송 KBS의 모체가 되었다. 경성방송국의 위치는 지금의 서울 중구 정동 1번지로 현재 덕수초등학교가 자리하고 있다. 이번에 수록된 경성방송국의 사진그림엽서는 모두 9장이다.

그림 1 경성골프장 / 경성그라운드 / 경성방송국(JODK)

위쪽부터 시계방향으로 '경성골프장', '경성그라운드', '경성방송국(JODK)'의 사진을 배치한 흑백 사진그림엽서이다. 경성골프장은 1921년 조선호텔 고객 유치를 위해 서울 효창공원 부지에 지었지만, 위치가 도심에서 너무 가깝고 당시만 해도 골프에 대하여 사치스러운 운동이라는 비난도 있어서 1924년에 현재 어린이대공원 자리에 옮겨 개장했다.

그림 2 남산에서 조망한 시가 전경 / 경성그라운드 / 경성방송국(JODK)

위쪽부터 시계방향으로 '남산에서 조망한 시가 전경', '경성그라운드', '경성방송국(JODK)'의 사진을 배치한 흑백 사진그림엽서이다.

그림 3　남산에서 조망한 시가 전경 / 경성그라운드 / 경성방송국(JODK)

〈그림 2〉와 같은 흑백 사진그림엽서이지만 약간 퇴색되어 있다.

그림 4　남산에서 조망한 시가 전경 / 경성그라운드 / 경성방송국(JODK)

〈그림 2〉, 〈그림 3〉과 같은 흑백 사진그림엽서이다.

그림 5　경성측후소 / 경성그라운드 / 경성방송국 / 경성수영장

왼쪽 상단부터 시계방향으로 '경성측후소', '경성그라운드', '경성방송국', '경성수영장'의 사진을 배치한 흑백 사진그림엽서이다. 경성측후소는 1907년 10월 대한의원 부지 남쪽의 마두산에 개소했다. 위치는 현재 서울대병원 암 연구동 남쪽의 원남동 토지 지번 1인 원불교 원남교당 북쪽 주변으로 보인다.

그림 6　경성골프장 / 경성그라운드 / 경성방송국(JODK)
〈그림 1〉과 동일한 흑백 사진그림엽서이지만 명암이 약간 다르다.

그림 7　경성골프장 / 경성그라운드 / 경성방송국(JODK)
〈그림 1〉, 〈그림 6〉과 동일한 흑백 사진그림엽서이지만 명암이 약간 다르다.

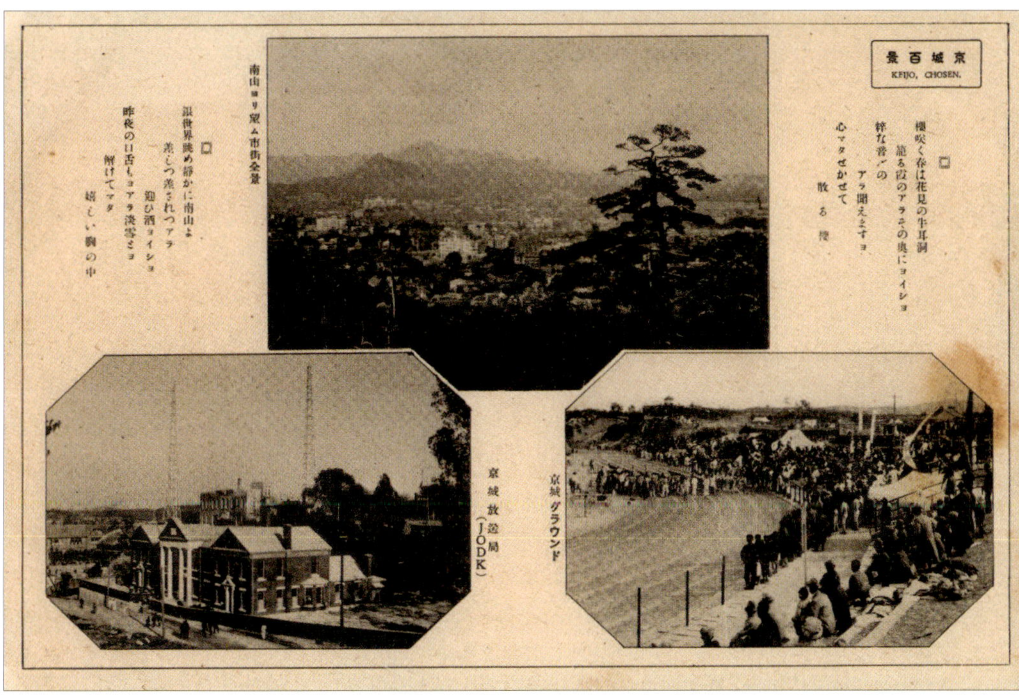

그림 8　남산에서 조망한 시가 전경 / 경성그라운드 / 경성방송국(JODK)

〈그림 2〉, 〈그림 3〉, 〈그림 4〉와 동일한 흑백 사진그림엽서이지만 명암이 약간 다르다.

그림 9 남산에서 조망한 시가 전경 / 경성그라운드 / 경성방송국(JODK)

〈그림 2〉, 〈그림 3〉, 〈그림 4〉, 〈그림 8〉과 같은 흑백 사진그림엽서이지만 명암이 약간 다르다.

경성재판소
京城裁判所
Keijo District Court

경성재판소는 대한제국 최고법원인 평리원이 설립되었던 장소에 1928년 일제에 의해 건립되었다. 우측에는 고등법원이 있었는데, 현재의 서울시청 서소문청사 자리이다. 광복 이후에는 대법원으로 이용되었으며 1995년 대법원 이전 이후 현재까지 서울시립미술관으로 활용되고 있다.

경성재판소는 1928년 일제가 서울 중구 정동에 완공했던 지하 1층, 지상 3층의 고딕풍 건축물이다. 덕수궁 남쪽에 이런 웅장한 건물을 세운 것은 조선인들에게 위압감을 주기에 부족함이 없었다. 경성재판소를 마지막으로 조선총독부의 식민지 통치시설이 완성되었다. 앞서 1923년 서대문형무소가 대대적으로 확충되었으며, 1925년부터 경성역사, 1926년부터는 경성부 청사·조선총독부 청사가 각각 가동 중이었다. 이들은 도심 반경 1km 안에 위치하면서 식민지배의 효율성을 높였다.

경성재판소 일대는 조선시대에는 김장생, 이황 등 유명인사들이 살았던 곳이며, 구한말에는 육영공원, 독일영사관, 독립신문 사옥 등이 자리 잡았던 유서 깊은 곳이었다. 갑신정변 후 1886년에 세워진 육영공원은 지나친 영어 교육과 양반 자제만을 위한다는 비판과 재정난에 직면하여 1894년 폐교되고, 1902년 독일공사관이 회동에 새 건물을 지어 옮겨간 뒤 이곳에 우리나라 최초의 재판소인 평리원이 들어섰다.

평리원은 1899년 5월부터 1907년 12월까지 존치되었던 대한제국의 최고법원이었다. 이전의 조선시대 최고 사법기관은 의금부였다. 의금부는 1894년 갑오개혁 때 법무아문 소속 의금사義禁司로 개칭하여 관원의 비리나 죄를 수사 처벌하는 기능을 했으며, 같은 해 말 법무아문 권설재판소로 개칭하여 재판을 담당했다. 이듬해에는 일제 간섭과 압박으로 〈재판소 구성법〉을 제정하고 이 법을 근거로 근대적 재판소가 생기면서 지방·개항장·순회·고등재판소와 특별 법원 5종을 두었으며 대한제국 선포 후 1899년 5월에는 고등재판소를 평리원으로 바꾸고 최고 사법기관의 지위를 부여했다. 당시 개정된 〈재판소 구성법〉에 따르면, 고등재판소는 각 지방재판소와 개항장 재판소를 관할하여 해당 재판소 판결에 불복한 상소를 처리하고, 특지特旨로 황제가 특별히 지시한 죄인을 심판하도록 규정되었다. 직원은 재판장 1인, 판사 4인, 검사 3인, 주사 10인, 정리廷吏 4인으로 구성되어 있었다. 이에 따라 특지로 황제가 특별히 지시한 죄인 안건, 칙

임관·주임관의 체포와 심판, 국사범 심판은 재판장이 법부 대신에게 보고하여 지령을 받아 처리하도록 하였다. 이처럼 평리원 재판장이 법부 대신의 지령을 받도록 한 규정 때문에 독립적인 평리원 운영에 장애가 생겼고, 법부의 재판 개입으로 인해 평리원의 위상은 낮아졌다. 그러나 법부의 개입이 항상 부당한 것은 아니었다. 평리원 사법관들의 부정행위도 종종 있었기 때문이다.

을사조약 이후에는 일제의 사법행정 및 재판에 대한 간섭이 본격화하면서 조선 통감부 고등법원에서 평리원의 재판기능을 간섭하기 시작했다. 아울러 통감부 휘하 정보기관이 정보수집과 경찰 기능을 담당하면서 주로 의병 탄압을 주된 임무로 삼았다. 또한 일제는 감시기능을 강화하기 위해서 1907년 일본인 법무 보좌관을 평리원에 배치하여 재판소 왕복 서류나 작성서류 일체를 보좌관의 검인을 받도록 조치하고 검사 기소장이나 판사 판결문에도 그의 동의 도장을 받도록 강제했다. 이는 곧 재판을 좌지우지하는 실질적 사법 장악으로, 한국인 판검사는 일본인 보좌관 동의 없이는 어떤 일도 할 수 없었다.

유명무실한 평리원의 기능도 1907년 12월 〈재판소 구성법〉이 새로 공포되면서 일본식 명칭인 대심원大審院으로 개편되어 일제의 손아귀로 넘어갔다. 대심원에 소속된 판검사는 대부분 일본인이었고, 이러한 재판소마저도 1909년에 완전히 폐지되고 말았다. 1909년 7월 대한제국의 사법, 감옥 사무를 일본에 위임하는 협약이 체결된 후 한국에서의 재판은 일본인과 한국인을 동일 기관에서 다루게 되고, 같은 해 11월 재판소와 감옥을 통괄하는 기관으로 통감부 사법청이 설치되었다. 동시에 〈통감부 재판소령〉(칙령 제236호)의 시행에 따라 통감부 사법청은 통감부 재판소로 바뀌었다. 통감부 재판소는 고등법원, 공소원控訴院, 지방재판소, 구재판소區裁判所로 구분되었다. 한일병합 후 총독부는 1912년 재판제도를 지방법원·복심법원·고등법원의 3계급 3심제도로 재편했다. 일제강점기 사법 체계는 고등법원·복심법원·지방법원의 3심審 3급級이었기 때문에, 고등법원이 오늘날의 대법원인 셈이다. 아울러 지방법원에서의 사무를 취급하기 위한 지청과 등기 및 공증사무를 다루기 위한 출장소 제도가 만들어져 1914년부터 1918년에 걸쳐 조선 전 지역에 개설되었다.

1936년 당시의 조선총독부 재판소 일람표를 보면 복심법원은 경성, 평양, 대구에 있었으며, 지방법원은 경성, 공주, 평양, 신의주, 부산, 대구 등의 11개소에 있었다. 그리고 40개소 이상의 지청과 약 200개소의 출장소가 있었다. 1936년의 〈조선총독부 재판소령〉에 의하면, 지방법원은 기본적으로 판사 단독으로, 중대 사건에 대해서는 3명의 판사로 조직되어 재판을 진행했다. 복심법원은 3명의 판사, 고등법원은 5명의 판사가 재판을 맡았다. 고등법원은 1914년 육영공원과 평리원이 있던 곳에 자리하는데, 이곳은 후일 경성재판소가 세워지는 바로 옆 동쪽에 위치하며 지금의 서울시청 서소문별관 일원이 된다.

경성재판소 건물은 1927년부터 공사를 시작하여 1928년 10월 7일 낙성식을 거행하고 경성의 지방법원, 복심법원, 고등법원의 3법원을 통합한 청사의 역할을 시작했다. 당시 총독 사이토 마코토의 글씨로 확인되는 '정초 쇼와 2년(1927) 11월 조선 총독 자작 사이토 마고토[定礎 昭和二年十一月 朝鮮總督 子爵 齋藤 實]'라고 기록된 정초 돌이 남아 있는 것으로 보아 1927년에 착공한 것을 알 수 있다. 건물의 구조는 지하 1층, 지상 3층의 근세 고딕풍 건물로 철근 콘크리트와 벽돌 구조에 화강석과 갈색 타일을 붙여 외벽을 장식하고 전면 3층엔 4개 아치창을 냈다. 1층 현관에도 3개의 아치가 있는 화강석 포치(Porch)가 있으며 전체적으로 일제강점기 공공건물에서 많이 볼 수 있는 권위주의적 면모를 잘 보여주고 있는 건물이라 할 수 있다. 또한 평면 구도는 중앙계단을 중심으로 정사각형의 중정中庭이 동서로 좌우대칭을 한 '日'자형 배치를 하고 있어 조선총독부와 같은 구도라는 것을 알 수 있다.

경성재판소는 일제의 지배에 저항하는 조선인을 가두고 죽이는 도구로 이용되었다. 일제강점기 수많은 독립투사와 애국지사가 이곳에서 억울한 판결을 받고 투옥되거나 불귀의 객이 되어야 했다. 이곳은 또한 광복 후 대법원으로 사용되면서 독재 권력으로 점철된 어두운 우리 현대사에서 수많은 사법살인이 자행되고, 권력이 정적을 제거하기 위해 사법권을 남용한 곳이기도 했다. 수많은 민주화 운동가와 선량한 시민들이 이곳에서 억울한 판결을 받아야 했다.

경성재판소는 광복 후 1995년까지 대법원 건물로 사용되다가, 대법원이 서초동으로 옮겨간 후 서울시가 인수하여 현재 서울시립미술관으로 활용하고 있다. 일제강점기와 군사독재 시대에 사법적인 횡포를 일삼던 재판소 건물이 미술관으로 바뀌었다는 것은 역사의 아이러니라 하지 않을 수 없다. 서울시립미술관은 2005년 건물 앞 외벽만 남기고 뒷면은 헐고 보수하여 현대적인 전시공간으로 재탄생했다. 2006년에는 원형으로 남은 전면 현관 부분만 국가등록문화유산으로 지정되었다. 이번에 수록된 경성재판소의 사진그림엽서는 모두 2장이다.

그림 1　경성주식현물취인소 / 동양척식회사 경성지점 / 경성재판소 / 철도국

왼쪽부터 시계방향으로 '경성주식현물취인소', '동양척식회사 경성지점', '경성재판소', '철도국'의 사진을 배치한 흑백 사진그림엽서이다.

그림 2 재판소를 바라보다

'재판소를 바라보다'라는 제목의 흑백 사진그림엽서이다. "경성은 대반도의 정치적 중심지이다. 여기에는 총독부를 비롯하여 정치·행정·경제와 각 방면의 중요 기관이 집중되어 있다. 앞에 보이는 것은 굉장한 근대건축의 재판소"라는 설명이 있다. 경성재판소의 위치는 현재 서울시 중구 덕수궁길 61의 서울시립미술관이 있는 곳이다.

오늘날 〈그림 2〉와 같은 구도에서 바라본 모습

1928년 신축된 경성재판소 건물은 광복 이후부터 1995년까지 대법원으로 이용되었다. 대법원이 서초동으로 이전한 이후에는 전면부를 제외한 대부분을 철거 및 재건축하였고 2002년 서울시립미술관으로 개관하였다.

도판목록
Plates List

013

분류 본정 – 본정 일대의 모습
번호 그림1
사진제목(한글) 본정 거리 / 남대문 거리 / 황금정 거리
사진제목(원문) 南大門通リ / 本町通リ / 黃金町通リ / (京城百景)
봉투제목(원문) 京城大觀

016

분류 본정 – 본정 일대의 모습
번호 그림4
사진제목(한글) 본정 거리 / 남대문 거리 / 황금정 거리
사진제목(원문) 南大門通リ / 黃金町通リ / 本町通リ / (京城百景)
봉투제목(원문) 京城百景

014

분류 본정 – 본정 일대의 모습
번호 그림2
사진제목(한글) 번화한 본정1정목통
사진제목(원문) 繁華なる本町一丁目通 / (京城名所)
봉투제목(원문) 京城名勝繪葉書(1)

017

분류 본정 – 본정 일대의 모습
번호 그림5
사진제목(한글) 본정2정목 중부 / 본정2정목 입구 / 본정1정목통 명치 거리
사진제목(원문) 本町二丁目中部 / 明治通リ / 本町二丁目入口 本町一丁目通 / (朝鮮京城)
봉투제목(원문) 京城百卄景

015

분류 본정 – 본정 일대의 모습
번호 그림3
사진제목(한글) 경성 본정1정목
사진제목(원문) 京城本町一丁目 / (朝鮮名所)
봉투제목(원문) 京城名勝繪葉書(2)

018

분류 본정 – 본정 일대의 모습
번호 그림6
사진제목(한글) 가장 번화한 본정1정목
사진제목(원문) 最も繁華なる本町一丁目 / (京城)
봉투제목(원문) 文化の淵叢 京城市街の壯麗

019

분류 본정 – 본정 일대의 모습
번호 그림7
사진제목(한글) 화려한 상점가, 본정의 풍경
사진제목(원문) 繁華なる商店街､本町の街景 / (京城)
봉투제목(원문) 半島の首都 躍進の京城

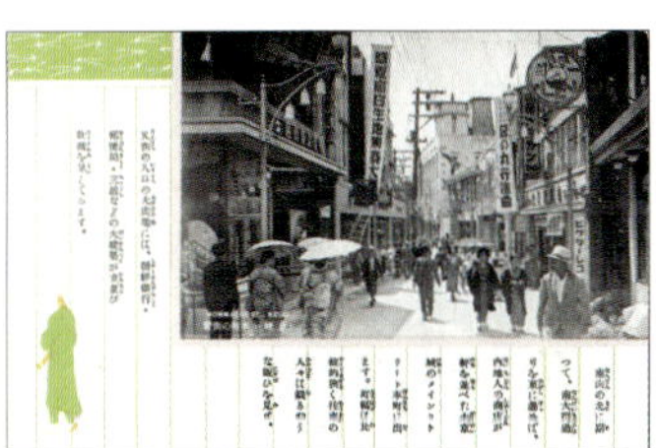

020

분류 본정 – 본정 일대의 모습
번호 그림8
사진제목(한글) 본정의 거리 풍경
사진제목(원문) 本町の街景 / (京城)
봉투제목(원문) 優美なる京城風景

021

분류 본정 – 본정 일대의 모습
번호 그림9
사진제목(한글) 가장 번화한 본정1정목
사진제목(원문) 最も繁華なる本町一丁目 / (京城)
봉투제목(원문) 朝鮮京城 繪葉書

022

분류 본정 – 본정 일대의 모습
번호 그림10
사진제목(한글) 경성 본정1정목(우편국 옆)
사진제목(원문) 京城本町一丁目(郵便局横) / (朝鮮名所)
봉투제목(원문) 朝鮮京城名所繪葉書(京城 日之出發行)

023

분류 본정 – 본정 일대의 모습
번호 그림11
사진제목(한글) 거리의 멜로디
사진제목(원문) 京城 · 本町
봉투제목(원문) –

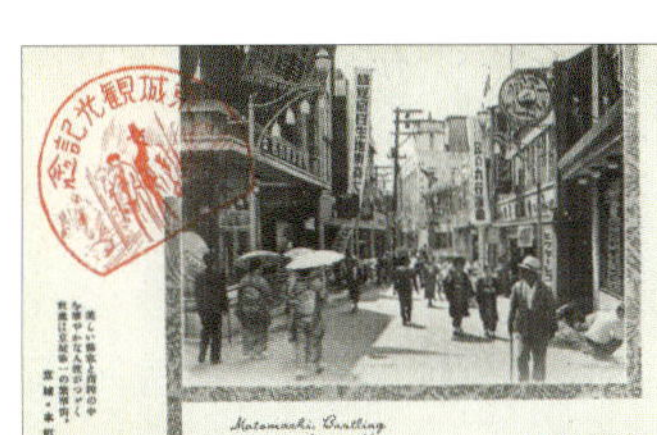

023

분류 본정 – 본정 일대의 모습
번호 그림12
사진제목(한글) 거리의 멜로디
사진제목(원문) 京城 · 本町
봉투제목(원문) –

024

분류 본정 – 본정 일대의 모습
번호 그림13
사진제목(한글) 경성·본정의 거리 풍경
사진제목(원문) 京城 · 本町の街景
봉투제목(원문) –

025

분류 본정 – 본정 일대의 모습
번호 그림14
사진제목(한글) 경성·본정의 거리 풍경
사진제목(원문) 京城 · 本町の街景
봉투제목(원문) –

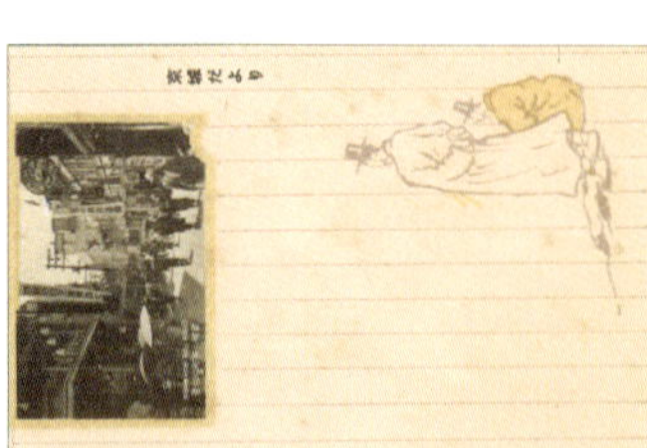

026

분류 본정 – 본정 일대의 모습
번호 그림15
사진제목(한글) 경성소식
사진제목(원문) 京城. 本町の街景
봉투제목(원문) –

027

분류 본정 – 본정 일대의 모습
번호 그림16
사진제목(한글) 본정 거리 / 남대문 거리 / 황금정 거리
사진제목(원문) 京城百景
봉투제목(원문) –

028

분류 본정 – 본정 일대의 모습
번호 그림17
사진제목(한글) 경성 본정1정목(우편국 옆)
사진제목(원문) 京城本町一丁目(郵便局横) / (朝鮮名所)
봉투제목(원문) –

029

분류 본정 – 본정 일대의 모습
번호 그림18
사진제목(한글) 경성 본정1정목
사진제목(원문) 京城本町一丁目(入口)
봉투제목(원문) –

029

분류 본정 – 본정 일대의 모습

번호 그림19

사진제목(한글) 경성 본정1정목

사진제목(원문) 京城本町一丁目(入口) / (朝鮮名所)

봉투제목(원문) –

030

분류 본정 – 본정 일대의 모습

번호 그림20

사진제목(한글) 경성 본정1정목(우편국 옆)

사진제목(원문) 京城本町一丁目 / (朝鮮名所)

봉투제목(원문) –

031

분류 본정 – 본정 일대의 모습

번호 그림21

사진제목(한글) 경성 본정1정목 야경

사진제목(원문) 京城本町一丁目夜景 / (朝鮮名所)

봉투제목(원문) –

032

분류 본정 – 본정 일대의 모습

번호 그림22

사진제목(한글) 경성 본정1정목 입구

사진제목(원문) 京城本町一丁目入口

봉투제목(원문) –

033

분류 본정 – 본정 일대의 모습

번호 그림23

사진제목(한글) 경성 본정 거리

사진제목(원문) 京城本町通リ / (朝鮮名所)

봉투제목(원문) –

034

분류 본정 – 본정 일대의 모습

번호 그림24

사진제목(한글) 경성 시중의 가장 번화한 거리 본정 거리

사진제목(원문) 京城市中の最殷賑街本町通リ / [京城名所]

봉투제목(원문) –

035

분류 본정 – 본정 일대의 모습
번호 그림25
사진제목(한글) 경성우편국
사진제목(원문) 京城郵便局 / (朝鮮名所)
봉투제목(원문) –

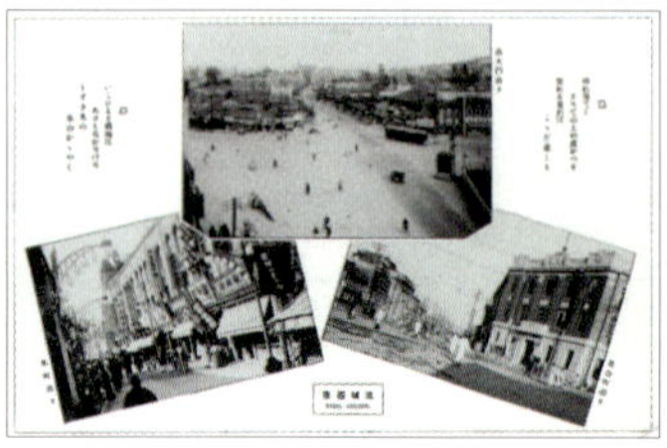

036

분류 본정 – 본정 일대의 모습
번호 그림26
사진제목(한글) 본정 거리 / 남대문 거리 / 황금정 거리
사진제목(원문) 南大門通リ / 本町通リ / 黃金町通リ / (京城百景)
봉투제목(원문) –

037

분류 본정 – 본정 일대의 모습
번호 그림27
사진제목(한글) 본정 거리 / 남대문 거리 / 황금정 거리
사진제목(원문) 東大門通リ / 黃金町通リ / 本町通リ / (京城百景)
봉투제목(원문) –

038

분류 본정 – 본정 일대의 모습
번호 그림28
사진제목(한글) 본정의 번화함
사진제목(원문) 本町の□盛
봉투제목(원문) –

039

분류 본정 – 본정 일대의 모습
번호 그림29
사진제목(한글) 본정1정목의 번성한 모습
사진제목(원문) 本町一丁目の盛觀 / (京城)
봉투제목(원문) –

040

분류 본정 – 본정 일대의 모습
번호 그림30
사진제목(한글) 대단히 번성하여
사진제목(원문) 本町通リ / 【京城美觀】
봉투제목(원문) –

041

분류 본정 – 본정 일대의 모습
번호 그림31
사진제목(한글) 상가가 나란히
사진제목(원문) 商賈竝んで
봉투제목(원문) –

042

분류 본정 – 본정 일대의 모습
번호 그림32
사진제목(한글) 가장 번화한 본정1정목
사진제목(원문) 最も繁華なる本町一丁目 / (京城)
봉투제목(원문) –

043

분류 본정 – 본정 일대의 모습
번호 그림33
사진제목(한글) 가장 번화한 본정1정목
사진제목(원문) 最も繁華なる本町一丁目 / (京城)
봉투제목(원문) –

046

분류 본정 – 조선은행 및 선은전 광장
번호 그림1
사진제목(한글) 경성·조선은행
사진제목(원문) 財に輝く偉容 京城·朝鮮銀行
봉투제목(원문) 京城を巡る

047

분류 본정 – 조선은행 및 선은전 광장
번호 그림2
사진제목(한글) 조선은행 앞의 대광장 / 우편국과 미쓰코시
사진제목(원문) 朝鮮銀行前の大廣場 / 郵便局と三越 / [京城百景]
봉투제목(원문) 京城大觀

048

분류 본정 – 조선은행 및 선은전 광장
번호 그림3
사진제목(한글) 조선은행 및 중앙우편국 앞에서 종로 방향을 바라봄
사진제목(원문) 朝鮮銀行及中央郵便局前ョリ鐘路方面ヌ望ム (京城名所)
봉투제목(원문) 京城命勝 繪葉書 The Views of Keijyo

049

분류 본정 – 조선은행 및 선은전 광장
번호 그림4
사진제목(한글) 가장 넓은 조선은행 앞
사진제목(원문) 最も廣き朝鮮銀行前 / (京城名所)
봉투제목(원문) 京城名勝繪葉書(1)

049

분류 본정 – 조선은행 및 선은전 광장
번호 그림5
사진제목(한글) 조선은행 앞의 대광장 / 우편국과 미쓰코시
사진제목(원문) 朝鮮銀行前ノ大廣場, 郵便局ト三越 / [京城百景]
봉투제목(원문) –

050

분류 본정 – 조선은행 및 선은전 광장
번호 그림6
사진제목(한글) 장곡천정 / 남대문통3정목 / 조선은행 앞에서 종로 방면
사진제목(원문) 長谷川町 / 南大門通三丁目 / 朝鮮銀行前ヨリ鍾路方面 / (朝鮮京城)
봉투제목(원문) 京城百廿景

051

분류 본정 – 조선은행 및 선은전 광장
번호 그림7
사진제목(한글) 식산은행 / 조선은행 / 경성우편국
사진제목(원문) 朝鮮銀行 / 殖産銀行 / 京城郵便局 / (朝鮮京城)
봉투제목(원문) 京城百廿景

052

분류 본정 – 조선은행 및 선은전 광장
번호 그림8
사진제목(한글) 경성의 중앙인 조선은행 본점
사진제목(원문) 京城の中央なる朝鮮銀行本店 / (京城)
봉투제목(원문) 文化の淵叢 京城市街の壯麗

053

분류 본정 – 조선은행 및 선은전 광장
번호 그림9
사진제목(한글) 조선은행 앞의 대광장
사진제목(원문) 朝鮮銀行前の大廣場 / (京城)
봉투제목(원문) 文化の淵叢 京城市街の壯麗

054

분류 본정 – 조선은행 및 선은전 광장
번호 그림10
사진제목(한글) 조선은행 앞의 대광장 / 우편국과 미쓰코시
사진제목(원문) 朝鮮銀行前ノ大廣場 / 郵便局ト三越 / (京城百景)
봉투제목(원문) 半島の首都 京城大觀

055

분류 본정 – 조선은행 및 선은전 광장
번호 그림11
사진제목(한글) 조선은행 앞의 대광장
사진제목(원문) 朝鮮銀行前の大廣場 / (京城)
봉투제목(원문) 朝鮮京城 繪葉書

056

분류 본정 – 조선은행 및 선은전 광장
번호 그림12
사진제목(한글) 경성 조선은행
사진제목(원문) 京城朝鮮銀行 / (朝鮮名所)
봉투제목(원문) 朝鮮京城名所繪葉書(京城 日之出發行)

057

분류 본정 – 조선은행 및 선은전 광장
번호 그림13
사진제목(한글) 경성시가의 중앙(웅장한 양관(洋館)은 우편국, 조선은행, 철도호텔, 경성일보사)
사진제목(원문) 京城市街の中央(大ナル洋館ハ郵便局, 朝鮮銀行, 鐵道ホテル, 京城日報社)(京111) / (朝鮮名所)
봉투제목(원문) –

058

분류 본정 – 조선은행 및 선은전 광장
번호 그림14
사진제목(한글) 경성 조선은행
사진제목(원문) 京城朝鮮銀行 / (朝鮮名所)
봉투제목(원문) 最新式二色版 朝鮮京城名所繪葉書

059

분류 본정 – 조선은행 및 선은전 광장
번호 그림15
사진제목(한글) 경성 조선은행
사진제목(원문) 京城朝鮮銀行 / (朝鮮名所)
봉투제목(원문) –

060

분류 본정 – 조선은행 및 선은전 광장
번호 그림16
사진제목(한글) 경성의 중앙인 조선은행 본점
사진제목(원문) 京城の中央なる朝鮮銀行本店 / (京城)
봉투제목(원문) –

060

분류 본정 – 조선은행 및 선은전 광장
번호 그림17
사진제목(한글) 경성의 중앙인 조선은행 본점
사진제목(원문) 京城の中央なる朝鮮銀行本店 / (京城)
봉투제목(원문) –

061

분류 본정 – 조선은행 및 선은전 광장
번호 그림18
사진제목(한글) 경성의 중앙인 조선은행 본점
사진제목(원문) 京城の中央なる朝鮮銀行本店 / (京城)
봉투제목(원문) –

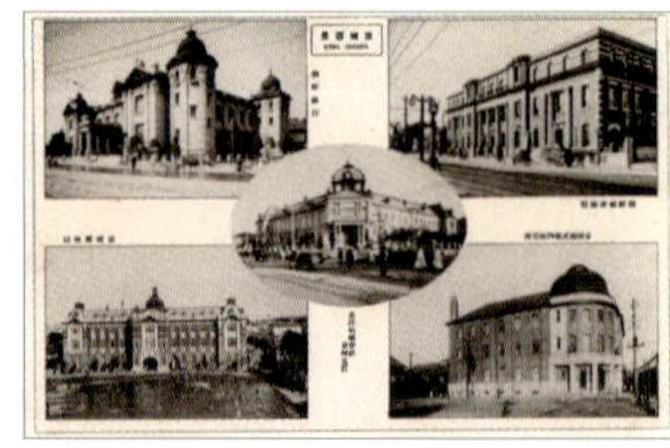
062

분류 본정 – 조선은행 및 선은전 광장
번호 그림19
사진제목(한글) 동양척식주식회사 경성지점 / 조선은행 / 조선식산은행 경성주식현물취인소 / 경성우편국
사진제목(원문) 京城百景
봉투제목(원문) –

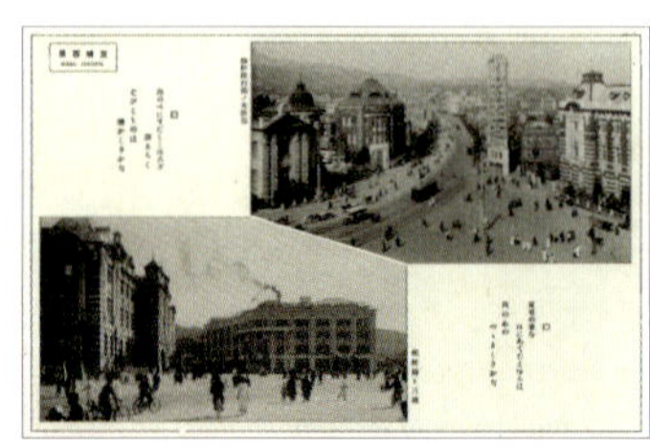
063

분류 본정 – 조선은행 및 선은전 광장
번호 그림20
사진제목(한글) 조선은행 앞의 대광장 / 우편국과 미쓰코시
사진제목(원문) 京城百景
봉투제목(원문) –

064

분류 본정 – 조선은행 및 선은전 광장
번호 그림21
사진제목(한글) 경성 조선은행
사진제목(원문) 京城朝鮮銀行 / (朝鮮名所)
봉투제목(원문) –

065

분류 본정 – 조선은행 및 선은전 광장
번호 그림22
사진제목(한글) 경성 조선은행
사진제목(원문) 京城朝鮮銀行 / (朝鮮名所)
봉투제목(원문) –

066

분류 본정 – 조선은행 및 선은전 광장
번호 그림23
사진제목(한글) 경성 조선은행
사진제목(원문) 京城朝鮮銀行 / (朝鮮名所)
봉투제목(원문) –

067

분류 본정 – 조선은행 및 선은전 광장
번호 그림24
사진제목(한글) 경성 조선은행(복제불허)
사진제목(원문) 京城朝鮮銀行 / (朝鮮名所)
봉투제목(원문) –

068

분류 본정 – 조선은행 및 선은전 광장
번호 그림25
사진제목(한글) 경성 조선은행
사진제목(원문) 京城朝鮮銀行 / (朝鮮名所)
봉투제목(원문) –

069

분류 본정 – 조선은행 및 선은전 광장
번호 그림26
사진제목(한글) 경성 조선은행
사진제목(원문) 京城朝鮮銀行 / (朝鮮名所)
봉투제목(원문) –

070

분류 본정 – 조선은행 및 선은전 광장
번호 그림27
사진제목(한글) 경성 조선은행에서 종로 방면을 바라봄
사진제목(원문) 京城朝鮮銀行ヨリ鐘路方面ヲ望ム / (朝鮮名所)
봉투제목(원문) –

072

분류 본정 – 조선은행 및 선은전 광장
번호 그림28
사진제목(한글) 시가의 중앙광장(오른쪽 경성우편국, 왼쪽 조선은행)
사진제목(원문) 市街の中央廣場(右郵便局, 左朝鮮銀行) / (京城)
봉투제목(원문) –

072

분류 본정 – 조선은행 및 선은전 광장
번호 그림29
사진제목(한글) 시가의 중앙광장(오른쪽 경성우편국, 왼쪽 조선은행)
사진제목(원문) 市街の中央廣場(右郵便局, 左朝鮮銀行) / (京城)
봉투제목(원문) –

073

분류 본정 – 조선은행 및 선은전 광장
번호 그림30
사진제목(한글) 조선은행
사진제목(원문) 朝鮮銀行
봉투제목(원문) –

074

분류 본정 – 조선은행 및 선은전 광장
번호 그림31
사진제목(한글) 조선은행의 위관
사진제목(원문) 朝鮮銀行の偉觀 / (京城)
봉투제목(원문) –

075

분류 본정 – 조선은행 및 선은전 광장
번호 그림32
사진제목(한글) 조선은행의 위관
사진제목(원문) 朝鮮銀行の偉觀 / (京城)
봉투제목(원문) –

076

분류 본정 – 조선은행 및 선은전 광장
번호 그림33
사진제목(한글) 조선은행 본점
사진제목(원문) 朝鮮銀行本店
봉투제목(원문) –

077

분류 본정 – 조선은행 및 선은전 광장
번호 그림34
사진제목(한글) 조선은행 앞의 대광장 / 우편국과 미쓰코시
사진제목(원문) 朝鮮銀行前ノ大廣場 / 郵便局ト三越 / (京城百景)
봉투제목(원문) –

078

분류 본정 – 조선은행 및 선은전 광장
번호 그림35
사진제목(한글) 조선은행 앞의 대광장 / 우편국과 미쓰코시
사진제목(원문) 朝鮮銀行前ノ大廣場 / 郵便局ト三越 / (京城百景)
봉투제목(원문) –

079

분류 본정 – 조선은행 및 선은전 광장
번호 그림36
사진제목(한글) 조선은행 앞의 대광장 / 우편국과 미쓰코시
사진제목(원문) 朝鮮銀行前ノ大廣場 / 郵便局ト三越 / (京城百景)
봉투제목(원문) –

080

분류 본정 – 조선은행 및 선은전 광장
번호 그림37
사진제목(한글) 조선은행 앞의 대광장
사진제목(원문) 朝鮮銀行前の大廣場 / (京城)
봉투제목(원문) –

081

분류 본정 – 조선은행 및 선은전 광장
번호 그림38
사진제목(한글) 조선은행 앞의 대광장
사진제목(원문) 朝鮮銀行前の大廣場 / (京城)
봉투제목(원문) –

084

분류 본정 – 경성부 구청사
번호 그림1
사진제목(한글) 경성부청 앞 광장
사진제목(원문) 京城府廳前廣場(京211) / (朝鮮名所)
봉투제목(원문) 進呈

086

분류 본정 – 경성부 구청사
번호 그림2
사진제목(한글) 경성부청
사진제목(원문) 京城府廳 / (朝鮮名所)
봉투제목(원문) –

087

분류 본정 – 경성부 구청사
번호 그림3
사진제목(한글) 경성부청
사진제목(원문) 京城府廳 / (朝鮮名所)
봉투제목(원문) –

087

분류 본정 – 경성부 구청사
번호 그림4
사진제목(한글) 경성부청 앞 광장
사진제목(원문) 京城府廳前廣場 / (朝鮮名所)
봉투제목(원문) –

089

분류 본정 – 경성우편국
번호 그림1
사진제목(한글) 조선은행 앞의 대광장 / 우편국과 미쓰코시
사진제목(원문) 朝鮮銀行前の大廣場 / 郵便局と三越 / (京城百景)
봉투제목(원문) 京城大觀

090

분류 본정 – 경성우편국
번호 그림2
사진제목(한글) 조선은행 및 중앙우편국 앞에서 종로 방향을 바라봄
사진제목(원문) 朝鮮銀行及中央郵便局前ヨリ鐘路方面ヌ望ム
(京城名所)
봉투제목(원문) 京城命勝 繪葉書 The Views of Keijyo

091

분류 본정 – 경성우편국
번호 그림3
사진제목(한글) 경성우편국
사진제목(원문) 京城郵便局 / (朝鮮名所)
봉투제목(원문) 京城名勝繪葉書 三十二枚組

092

분류 본정 – 경성우편국

번호 그림4

사진제목(한글) 경성우편국

사진제목(원문) 京城郵便局 / (京城名所)

봉투제목(원문) 京城名勝繪葉書 / (1)

093

분류 본정 – 경성우편국

번호 그림5

사진제목(한글) 경성우편국

사진제목(원문) 京城郵便局 / (朝鮮名所)

봉투제목(원문) 京城名勝繪葉書 / (2)

094

분류 본정 – 경성우편국

번호 그림6

사진제목(한글) 조선은행 앞의 대광장 / 우편국과 미쓰코시

사진제목(원문) 朝鮮銀行前ノ大廣場 / 郵便局ト三越 / (京城百景)

봉투제목(원문) 京城百景

095

분류 본정 – 경성우편국

번호 그림7

사진제목(한글) 식산은행 / 조선은행 / 경성우편국

사진제목(원문) 殖産銀行 / 朝鮮銀行 / 京城郵便局 / (朝鮮京城)

봉투제목(원문) 京城百廿景

096

분류 본정 – 경성우편국

번호 그림8

사진제목(한글) 조선은행 앞의 대광장 / 우편국과 미쓰코시

사진제목(원문) 朝鮮銀行前ノ大廣場 / 郵便局ト三越 / [京城百景]

봉투제목(원문) 半島の首都 京城大觀

097

분류 본정 – 경성우편국

번호 그림9

사진제목(한글) 번화한 상점가 본정의 풍경

사진제목(원문) 繁華なる商店街、本町の街景 / (京城)

봉투제목(원문) 半島の首都 躍進の京城

098

분류 본정 – 경성우편국
번호 그림10
사진제목(한글) 경성우편국
사진제목(원문) 京城郵便局 / (朝鮮名所)
봉투제목(원문) 朝鮮京城名所繪葉書 / (京城 日之出發行)

101

분류 본정 – 경성우편국
번호 그림13
사진제목(한글) 경성우편국
사진제목(원문) 京城郵便局 / (朝鮮名所)
봉투제목(원문) 最新式二色版 朝鮮京城名所繪葉書

099

분류 본정 – 경성우편국
번호 그림11
사진제목(한글) 경성시가의 중앙(웅장한 양관(洋館)은 우편국, 조선은행, 철도호텔, 경성일보사)
사진제목(원문) 京城市街の中央(大ナル洋館ハ郵便局, 朝鮮銀行, 鐵道ホテル, 京城日報社)(京111) / (朝鮮名所)
봉투제목(원문) 進呈

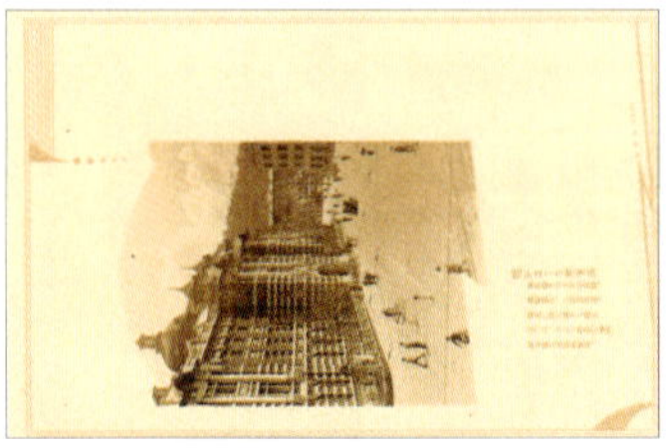

102

분류 본정 – 경성우편국
번호 그림14
사진제목(한글) 경쟁하듯 서 있는 우편국
사진제목(원문) 競ひ立てる郵便局
봉투제목(원문) –

100

분류 본정 – 경성우편국
번호 그림12
사진제목(한글) 경성 본정1정목(우편국 옆)
사진제목(원문) 京城本町一丁目(郵便局橫) / (朝鮮名所)
봉투제목(원문) 最新式二色版 朝鮮京城名所繪葉書

103

분류 본정 – 경성우편국
번호 그림15
사진제목(한글) 경성우편국
사진제목(원문) 京城 郵便局 / [朝鮮名所]
봉투제목(원문) –

104

분류 본정 – 경성우편국
번호 그림16
사진제목(한글) 경성 남대문통3정목에서 우편국 방면을 바라봄(복제불허)
사진제목(원문) 京城南大門通三丁目ヨリ郵便局方面ヲ望ム (朝鮮名所)
봉투제목(원문) –

105

분류 본정 – 경성우편국
번호 그림17
사진제목(한글) 동양척식주식회사 경성지점 / 조선은행 / 조선식산은행 경성주식현물취인소 / 경성우편국
사진제목(원문) 京城百景
봉투제목(원문) –

106

분류 본정 – 경성우편국
번호 그림18
사진제목(한글) 조선은행 앞의 대광장 / 우편국과 미쓰코시
사진제목(원문) 京城百景
봉투제목(원문) –

107

분류 본정 – 경성우편국
번호 그림19
사진제목(한글) 경성 본정1정목(우편국 옆)
사진제목(원문) 京城本町一丁目(郵便局横) / (朝鮮名所)
봉투제목(원문) –

108

분류 본정 – 경성우편국
번호 그림20
사진제목(한글) 경성우편국
사진제목(원문) 京城郵便局
봉투제목(원문) –

109

분류 본정 – 경성우편국
번호 그림21
사진제목(한글) 조선총독부시정5주년기념 경성우편국
사진제목(원문) 京城郵便局(朝鮮總督府始政五周年記念)
봉투제목(원문) –

110

분류 본정 – 경성우편국
번호 그림22
사진제목(한글) 경성우편국
사진제목(원문) 京城郵便局 / (京城名所)
봉투제목(원문) –

111

분류 본정 – 경성우편국
번호 그림23
사진제목(한글) 경성우편국
사진제목(원문) 京城郵便局 / (朝鮮名所)
봉투제목(원문) –

112

분류 본정 – 경성우편국
번호 그림24
사진제목(한글) 경성우편국
사진제목(원문) 京城郵便局 / (朝鮮名所)
봉투제목(원문) –

112

분류 본정 – 경성우편국
번호 그림25
사진제목(한글) 경성우편국
사진제목(원문) 京城郵便局 / (朝鮮名所)
봉투제목(원문) –

113

분류 본정 – 경성우편국
번호 그림26
사진제목(한글) 경성우편국
사진제목(원문) 京城郵便局 / (朝鮮名所)
봉투제목(원문) –

114

분류 본정 – 경성우편국
번호 그림27
사진제목(한글) 경성우편국
사진제목(원문) 京城郵便局 / (朝鮮名所)
봉투제목(원문) –

115

분류 본정 – 경성우편국
번호 그림28
사진제목(한글) 경성우편국
사진제목(원문) 京城郵便局 / (朝鮮名所)
봉투제목(원문) –

116

분류 본정 – 경성우편국
번호 그림29
사진제목(한글) 경성우편국
사진제목(원문) 京城郵便局 / (朝鮮名所)
봉투제목(원문) –

117

분류 본정 – 경성우편국
번호 그림30
사진제목(한글) 경성우편국
사진제목(원문) 京城郵便局 / (朝鮮名所)
봉투제목(원문) –

117

분류 본정 – 경성우편국
번호 그림31
사진제목(한글) 경성우편국
사진제목(원문) 京城郵便局 / (朝鮮名所)
봉투제목(원문) –

118

분류 본정 – 경성우편국
번호 그림32
사진제목(한글) 경성우편국에서 종로 방면을 바라봄
사진제목(원문) 京城郵便局より鍾路方面ヲ望ム
봉투제목(원문) –

119

분류 본정 – 경성우편국
번호 그림33
사진제목(한글) 근대적 색채가 밝음
사진제목(원문) 近代色明るく
봉투제목(원문) –

120

분류 본정 – 경성우편국
번호 그림34
사진제목(한글) 넓은 하늘 열리다
사진제목(원문) 大空ひろく(京城名所, 郵便局及三越百貨店)
봉투제목(원문) –

122

분류 본정 – 경성우편국
번호 그림35
사진제목(한글) 대광장에 우뚝 선 우편국
사진제목(원문) 大廣場に聳ゆる郵便局 / (京城)
봉투제목(원문) –

122

분류 본정 – 경성우편국
번호 그림36
사진제목(한글) 대광장에 우뚝 선 우편국
사진제목(원문) 大廣場に聳ゆる郵便局 / (京城)
봉투제목(원문) –

123

분류 본정 – 경성우편국
번호 그림37
사진제목(한글) 시가의 중앙광장(오른쪽 경성우편국, 왼쪽 조선은행)
사진제목(원문) 市街の中央廣場(右郵便局, 左朝鮮銀行) / (京城)
봉투제목(원문) –

123

분류 본정 – 경성우편국
번호 그림38
사진제목(한글) 시가의 중앙광장(오른쪽 경성우편국, 왼쪽 조선은행)
사진제목(원문) 市街の中央廣場(右郵便局, 左朝鮮銀行) / (京城)
봉투제목(원문) –

124

분류 본정 – 경성우편국
번호 그림39
사진제목(한글) 우편국
사진제목(원문) 郵便局 / (京城)
봉투제목(원문) –

125

분류 본정 – 경성우편국
번호 그림40
사진제목(한글) 조선은행 앞의 대광장 / 우편국과 미쓰코시
사진제목(원문) 朝鮮銀行前ノ大廣場 / 郵便局ト三越 / (京城百景)
봉투제목(원문) –

126

분류 본정 – 경성우편국
번호 그림41
사진제목(한글) 조선은행 앞의 대광장 / 우편국과 미쓰코시
사진제목(원문) 朝鮮銀行前ノ大廣場 / 郵便局ト三越 / (京城百景)
봉투제목(원문) –

127

분류 본정 – 경성우편국
번호 그림42
사진제목(한글) 조선은행 앞의 대광장 / 우편국과 미쓰코시
사진제목(원문) 朝鮮銀行前ノ大廣場 / 郵便局ト三越 / [京城百景]
봉투제목(원문) –

132

분류 본정 – 미나카이 백화점
번호 그림1
사진제목(한글) 조지아 / 미쓰코시 / 미나카이
사진제목(원문) 丁字屋 / 三越 / 三中井 / (朝鮮京城)
봉투제목(원문) 京城百廿景

133

분류 본정 – 미나카이 백화점
번호 그림2
사진제목(한글) 미나카이 백화점
사진제목(원문) 京城 · 三中井百貨店
봉투제목(원문) –

134

분류 본정 – 미나카이 백화점
번호 그림3
사진제목(한글) 미나카이 백화점
사진제목(원문) 京城 · 三中井百貨店
봉투제목(원문) –

135

분류 본정 – 미나카이 백화점
번호 그림4
사진제목(한글) 미나카이 백화점
사진제목(원문) 京城 · 三中井百貨店
봉투제목(원문) –

136

분류 본정 – 미나카이 백화점
번호 그림5
사진제목(한글) 미나카이 백화점
사진제목(원문) 京城 · 三中井百貨店
봉투제목(원문) –

137

분류 본정 – 미나카이 백화점
번호 그림6
사진제목(한글) 성관(盛觀)을 뽐내는 미나카이 백화점
사진제목(원문) 盛觀を誇る三中井百貨店 / (京城)
봉투제목(원문) –

142

분류 본정 – 미쓰코시 백화점
번호 그림1
사진제목(한글) 조선은행 앞의 대광장 / 우편국과 미쓰코시
사진제목(원문) 朝鮮銀行前の大廣場 / 郵便局と三越 / (京城百景)
봉투제목(원문) 京城大觀

143

분류 본정 – 미쓰코시 백화점
번호 그림2
사진제목(한글) 미쓰코시 백화점
사진제목(원문) 三越百貨店 / (京城名所)
봉투제목(원문) 京城命勝 繪葉書 The Views of Keijyo

144

분류 본정 – 미쓰코시 백화점
번호 그림3
사진제목(한글) 조선은행 앞의 대광장 / 우편국과 미쓰코시
사진제목(원문) 朝鮮銀行前ノ大廣場 / 郵便局ト三越 / (京城百景)
봉투제목(원문) 京城百景

144

분류 본정 – 미쓰코시 백화점
번호 그림4
사진제목(한글) 조지아 / 미쓰코시 / 미나카이
사진제목(원문) 丁字屋 / 三越 / 三中井 / (朝鮮京城)
봉투제목(원문) 京城百卄景

147

분류 본정 – 미쓰코시 백화점
번호 그림7
사진제목(한글) 미쓰코시 백화점
사진제목(원문) 京城 · 三越
봉투제목(원문) –

145

분류 본정 – 미쓰코시 백화점
번호 그림5
사진제목(한글) 조선은행 앞의 대광장 / 우편국과 미쓰코시
사진제목(원문) 朝鮮銀行前ノ大廣場 / 郵便局ト三越 / [京城百景]
봉투제목(원문) 半島の首都 京城大觀

148

분류 본정 – 미쓰코시 백화점
번호 그림8
사진제목(한글) 미쓰코시 백화점
사진제목(원문) 京城 · 三越百貨店
봉투제목(원문) –

146

분류 본정 – 미쓰코시 백화점
번호 그림6
사진제목(한글) 미쓰코시 백화점
사진제목(원문) 京城 · 三越
봉투제목(원문) –

148

분류 본정 – 미쓰코시 백화점
번호 그림9
사진제목(한글) 미쓰코시 백화점
사진제목(원문) 京城 · 三越百貨店
봉투제목(원문) –

149

분류 본정 – 미쓰코시 백화점
번호 그림10
사진제목(한글) 경성 거리의 아름다움을 장식하는 미쓰코시 백화점
사진제목(원문) 京城の市街美を栫る三越百貨店 / [京城名所]
봉투제목(원문)

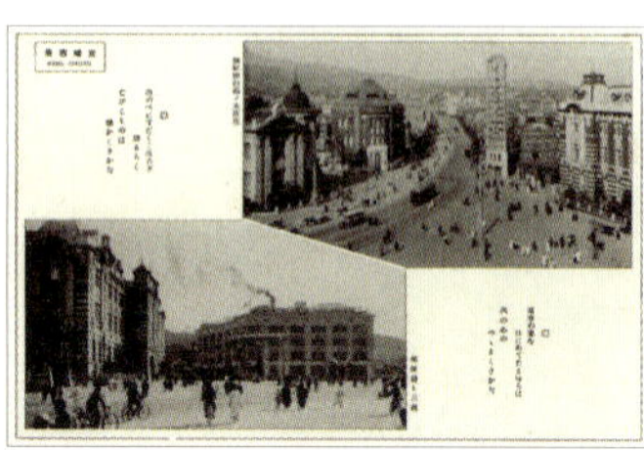

150

분류 본정 – 미쓰코시 백화점
번호 그림11
사진제목(한글) 조선은행 앞의 대광장 / 우체국과 미쓰코시
사진제목(원문) 京城百景
봉투제목(원문) –

151

분류 본정 – 미쓰코시 백화점
번호 그림12
사진제목(한글) 넓은 하늘 열리다
사진제목(원문) 大空ひろく(京城名所, 郵便局及三越百貨店)
봉투제목(원문) –

152

분류 본정 – 미쓰코시 백화점
번호 그림13
사진제목(한글) 백화의 전당 미쓰코시 백화점
사진제목(원문) 百貨の殿堂三越デパートメン,トストア / (京城)
봉투제목(원문) –

153

분류 본정 – 미쓰코시 백화점
번호 그림14
사진제목(한글) 미쓰코시 백화점
사진제목(원문) 巍然と
봉투제목(원문) –

154

분류 본정 – 미쓰코시 백화점
번호 그림15
사진제목(한글) 조선은행 앞의 대광장 / 우체국과 미쓰코시
사진제목(원문) 朝鮮銀行前ノ大廣場 / 郵便局ト三越 / (京城百景)
봉투제목(원문) –

155

분류 본정 – 미쓰코시 백화점
번호 그림16
사진제목(한글) 조선은행 앞의 대광장 / 우체국과 미쓰코시
사진제목(원문) 朝鮮銀行前ノ大廣場 / 郵便局ト三越 / (京城百景)
봉투제목(원문) –

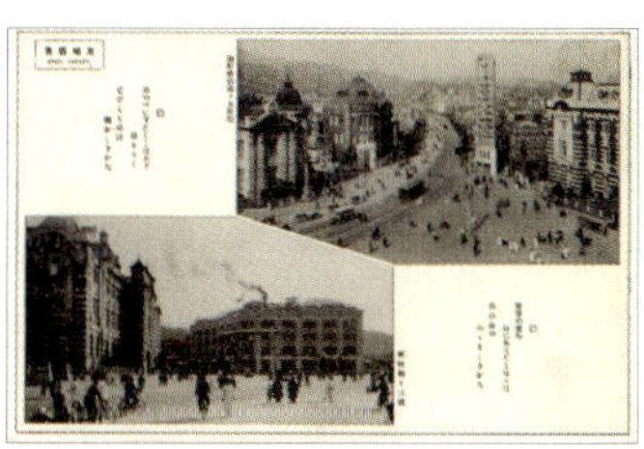

155

분류 본정 – 미쓰코시 백화점
번호 그림17
사진제목(한글) 조선은행 앞의 대광장 / 우체국과 미쓰코시
사진제목(원문) 朝鮮銀行前ノ大廣場 / 郵便局ト三越 / [京城百景]
봉투제목(원문) –

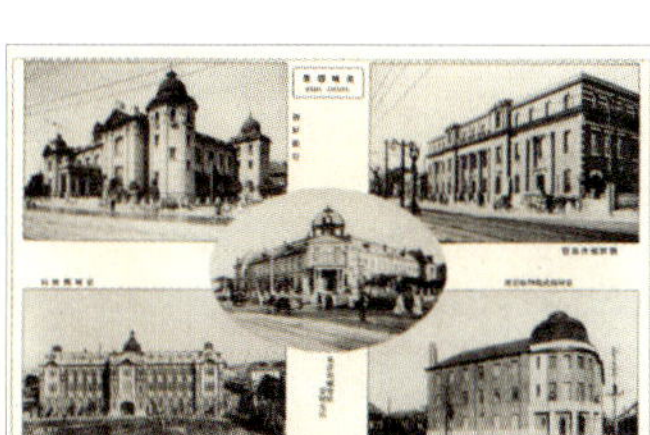

166

분류 황금정 – 경성주식현물취인소
번호 그림1
사진제목(한글) 동양척식주식회사 경성지점 / 조선은행 / 조선식산은행 경성주식현물취인소 / 경성우편국
사진제목(원문) 朝鮮銀行 / 京城郵便局 / 東洋拓殖會社 京城支店 朝鮮殖産銀行 / 京城株式現物取引所 / [京城百景]
봉투제목(원문) 京城百景

167

분류 황금정 – 경성주식현물취인소
번호 그림2
사진제목(한글) 경성주식현물취인소 / 동양척식주식회사 경성지점 경성재판소 / 철도국
사진제목(원문) 京城株式現物取引所 / 東洋拓殖會社京城支店 京城裁判所 / 鐵道局 / (朝鮮京城)
봉투제목(원문) 京城百卄景

168

분류 황금정 – 경성주식현물취인소
번호 그림3
사진제목(한글) 경성주식현물취인소
사진제목(원문) 京城株式現物取引所 / (京城)
봉투제목(원문) –

174

분류 황금정 – 동양척식주식회사
번호 그림1
사진제목(한글) 동양척식주식회사
사진제목(원문) 東洋拓植會社 / (京城名所)
봉투제목(원문) 京城名勝繪葉書(1)

176

분류 황금정 – 동양척식주식회사

번호 그림2

사진제목(한글) 경성주식현물취인소 / 동양척식회사 경성지점
경성재판소 / 철도국

사진제목(원문) 京城株式現物取引所 / 東洋拓殖會社京城支店
京城裁判所 / 鐵道局 / (朝鮮京城)

봉투제목(원문) 京城百卄景

177

분류 황금정 – 동양척식주식회사

번호 그림3

사진제목(한글) 동양척식주식회사

사진제목(원문) 京城東洋拓植會社 / [朝鮮名所]

봉투제목(원문) 朝鮮京城名所繪葉書 / (京城 日之出發行)

178

분류 황금정 – 동양척식주식회사

번호 그림4

사진제목(한글) 경성 황금정 18은행 앞에서 동양척식회사를 바라보다

사진제목(원문) 京城黃金町十八銀行 前ヨリ東洋拓植會社ヲ望ム
[朝鮮名所]

봉투제목(원문) 朝鮮京城名所繪葉書 / (京城 日之出發行)

179

분류 황금정 – 동양척식주식회사

번호 그림5

사진제목(한글) 동양척식주식회사

사진제목(원문) 京城東洋拓殖會社 / [朝鮮名所]

봉투제목(원문) 最新式二色版 朝鮮京城名所繪葉書

180

분류 황금정 – 동양척식주식회사

번호 그림6

사진제목(한글) 경성 황금정 18은행 앞에서 동양척식회사를 바라보다

사진제목(원문) 京城黃金町十八銀行ヨリ東洋拓殖會社ヲ望ム
[朝鮮名所]

봉투제목(원문) 最新式二色版 朝鮮京城名所繪葉書

181

분류 황금정 – 동양척식주식회사

번호 그림7

사진제목(한글) 경성 동양척식주식회사

사진제목(원문) 京城 東洋拓植株式會社 / [朝鮮名所]

봉투제목(원문) –

182

분류 황금정 – 동양척식주식회사
번호 그림8
사진제목(한글) 경성 동양척식주식회사
사진제목(원문) 京城東洋拓殖株式會社 / [朝鮮名所]
봉투제목(원문) –

183

분류 황금정 – 동양척식주식회사
번호 그림11
사진제목(한글) 경성 동양척식주식회사
사진제목(원문) 京城東洋拓殖會社 / [朝鮮名所]
봉투제목(원문) –

182

분류 황금정 – 동양척식주식회사
번호 그림9
사진제목(한글) 경성 동양척식주식회사
사진제목(원문) 京城東洋拓殖會社 / [朝鮮名所]
봉투제목(원문) –

184

분류 황금정 – 동양척식주식회사
번호 그림12
사진제목(한글) 경성 황금정 18은행 앞에서 동양척식회사를 바라보다
사진제목(원문) 京城黃金町十八銀行ヨリ東洋拓殖會社ヲ望ム / [朝鮮名所]
봉투제목(원문) –

183

분류 황금정 – 동양척식주식회사
번호 그림10
사진제목(한글) 경성 동양척식주식회사
사진제목(원문) 京城東洋拓殖會社 / [朝鮮名所]
봉투제목(원문) –

184

분류 황금정 – 동양척식주식회사
번호 그림13
사진제목(한글) 경성 황금정 18은행 앞에서 동양척식회사를 바라보다
사진제목(원문) 京城黃金町十八銀行前ヨリ東洋拓殖會社ヲ望ム / [朝鮮名所]
봉투제목(원문) –

185

분류 황금정 – 동양척식주식회사

번호 그림14

사진제목(한글) 경성 황금정 18은행 앞에서 동양척식회사를 바라보다

사진제목(원문) 京城黃金町十八銀行前ヨリ東洋拓殖會社ヲ望ム [朝鮮名所]

봉투제목(원문) –

186

분류 황금정 – 동양척식주식회사

번호 그림15

사진제목(한글) 경성 지점 / 동양척식주식회사 본점 / 봉천지점

사진제목(원문) 東洋拓植株式會社 本店 / 京城支店 / 奉天支店

봉투제목(원문)

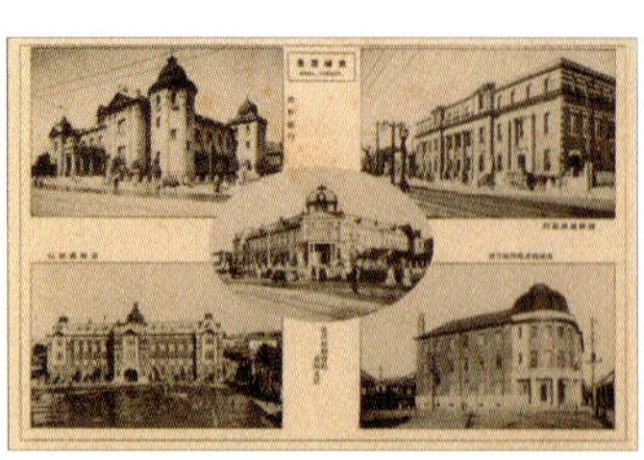

187

분류 황금정 – 동양척식주식회사

번호 그림16

사진제목(한글) 동양척식주식회사 경성지점 / 조선은행 / 조선식산은행 경성주식현물취인소 / 경성우편국

사진제목(원문) 東洋拓殖株式會社京城支店 / 朝鮮殖産銀行 / 朝鮮銀行京城株式現物取引所 / 京城郵便局 / (京城百景)

봉투제목(원문) –

192

분류 황금정 – 조선식산은행

번호 그림1

사진제목(한글) 경성야구장 / 조선식산은행

사진제목(원문) 街は晴やか 京城野球場 / 京城朝鮮殖産銀行

봉투제목(원문) 京城を巡る

193

분류 황금정 – 조선식산은행

번호 그림2

사진제목(한글) 식산은행 / 조선은행 / 경성우편국

사진제목(원문) 朝鮮銀行 / 殖産銀行 / 京城郵便局 / (朝鮮京城)

봉투제목(원문) 京城百卄景

194

분류 황금정 – 조선식산은행

번호 그림3

사진제목(한글) 경성 남대문2정목 식산은행 앞에서 종로 방향을 바라보다

사진제목(원문) 京城南大門二丁目殖産銀行前ヨリ鍾路方向ヲ望ム (朝鮮名所)

봉투제목(원문) 朝鮮京城名所繪葉書 / (京城 日之出發行)

194

분류 황금정 – 조선식산은행
번호 그림4
사진제목(한글) 경성 남대문2정목 식산은행 앞에서 종로 방향을 바라보다
사진제목(원문) 京城南大門二丁目殖産銀行前ヨリ鐘路方向ヲ望ム (朝鮮名所)
봉투제목(원문) 最新式二色版 朝鮮京城名所繪葉書

195

분류 황금정 – 조선식산은행
번호 그림5
사진제목(한글) 경성 남대문2정목 식산은행 앞에서 종로 방향을 바라보다
사진제목(원문) 京城南大門二丁目殖産銀行前ヨリ鐘路方向ヲ望ム (朝鮮名所)
봉투제목(원문) –

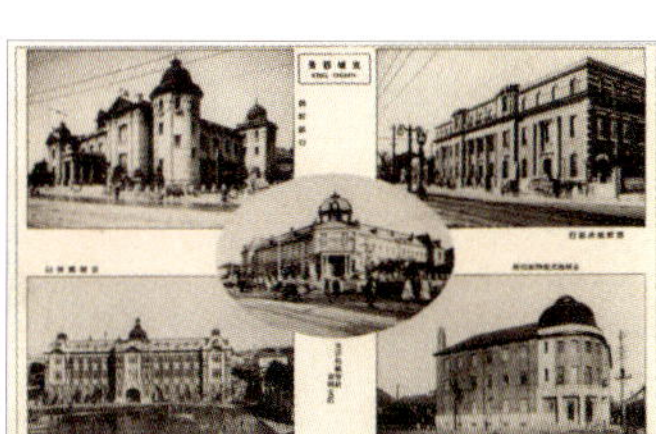

196

분류 황금정 – 조선식산은행
번호 그림6
사진제목(한글) 동양척식회사 경성지점 / 조선은행 / 조선식산은행 경성주식현물취인소 / 경성우편국
사진제목(원문) 京城百景
봉투제목(원문) –

197

분류 황금정 – 조선식산은행
번호 그림7
사진제목(한글) 조선식산은행
사진제목(원문) 朝鮮殖産銀行 / (京城)
봉투제목(원문) –

198

분류 황금정 – 조선식산은행
번호 그림8
사진제목(한글) 조선식산은행
사진제목(원문) 朝鮮殖産銀行 / (京城)
봉투제목(원문) –

198

분류 황금정 – 조선식산은행
번호 그림9
사진제목(한글) 조선식산은행
사진제목(원문) 朝鮮殖産銀行 / (京城)
봉투제목(원문) –

202

분류 황금정 – 일본제18은행
번호 그림1
사진제목(한글) 경성 황금정통
사진제목(원문) 京城 黃金町通 / [朝鮮名所]
봉투제목(원문) –

203

분류 황금정 – 일본제18은행
번호 그림2
사진제목(한글) 경성 황금정 18은행에서 동양척식회사를 바라보다
사진제목(원문) 京城黃金町十八銀行ヨリ東洋拓殖會社ヲ望ム [朝鮮名所]
봉투제목(원문) –

204

분류 황금정 – 일본제18은행
번호 그림3
사진제목(한글) 경성 황금정 18은행 앞에서 동양척식회사를 바라보다
사진제목(원문) 京城黃金町十八銀行前ヨリ東洋拓殖會社ヲ望ム [朝鮮名所]
봉투제목(원문) –

205

분류 황금정 – 일본제18은행
번호 그림4
사진제목(한글) 경성 황금정 18은행 앞에서 동양척식회사를 바라보다
사진제목(원문) 京城黃金町十八銀行前ヨリ東洋拓殖會社ヲ望ム [朝鮮名所]
봉투제목(원문) –

206

분류 황금정 – 일본제18은행
번호 그림5
사진제목(한글) 경성 황금정 18은행 앞에서 동양척식회사를 바라보다
사진제목(원문) 京城黃金町十八銀行ヨリ東洋拓殖會社ヲ望ム [朝鮮名所]
봉투제목(원문) 最新式二色版 朝鮮京城名所繪葉書

207

분류 황금정 – 일본제18은행
번호 그림6
사진제목(한글) 경성 황금정 18은행 앞에서 동양척식회사를 바라보다
사진제목(원문) 京城黃金町十八銀行 前ヨリ東洋拓植會社ヲ望ム [朝鮮名所]
봉투제목(원문) 朝鮮京城名所繪葉書 / (京城 日之出發行)

212

분류 황금정 – 경성운동장

번호 그림1

사진제목(한글) 경성방송국(JODK) / 경성골프장 / 경성그라운드

사진제목(원문) 京城ゴルフ場 / 京城放送局(JODK)
京城グラウンド / [京城百景]

봉투제목(원문) 京城大觀

213

분류 황금정 – 경성운동장

번호 그림2

사진제목(한글) 한강의 스케이트 / 한강변의 발전소 / 경성그라운드

사진제목(원문) 漢江のスケート / 京城グラウンド / 漢江畔 發電所 / [京城百

봉투제목(원문) 景]

京城大觀

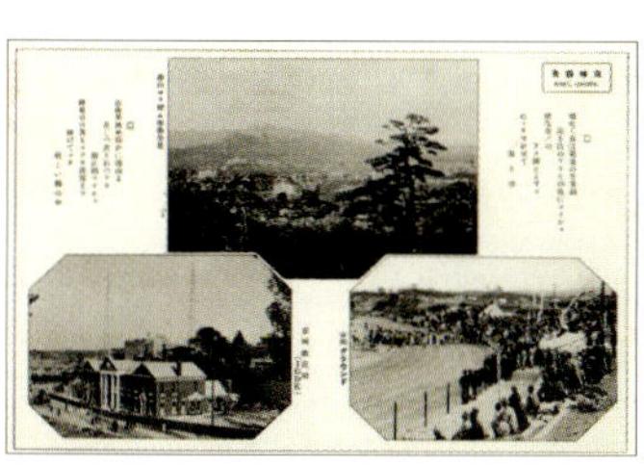

214

분류 황금정 – 경성운동장

번호 그림3

사진제목(한글) 남산에서 바라보는 시가지 전경 / 경성그라운드
경성방송국(JODK)

사진제목(원문) 南山ヨリ望ム市街全景 / 京城放送局(JODK)
京城グラウンド / [京城百景]

봉투제목(원문) 京城名所百景

215

분류 황금정 – 경성운동장

번호 그림4

사진제목(한글) 광대한 경성그라운드

사진제목(원문) 廣大なる京城グラウンド / (京城名所)

봉투제목(원문) 京城名勝繪葉書(1)

216

분류 황금정 – 경성운동장

번호 그림5

사진제목(한글) 남산에서 바라보는 시가지 전경 / 경성그라운드
경성방송국(JODK)

사진제목(원문) 京城百景 南山ヨリ望ム市街全景 / 京城グラウンド
京城放送局(JODK)

봉투제목(원문) 京城百景

217

분류 황금정 – 경성운동장

번호 그림6

사진제목(한글) 남산에서 바라보는 시가지 전경 / 경성그라운드
경성방송국(JODK)

사진제목(원문) 南山ヨリ望ム市街全景 / 京城放送局(JODK)
京城グラウンド / [京城百景]

봉투제목(원문) 京城百景

218

분류 황금정 – 경성운동장
번호 그림7
사진제목(한글) 경성측후소 / 경성그라운드 / 경성방송국
경성풀장(=경성수영장)
사진제목(원문) 京城測候所 / 京城プール / 京城グラウンド
京城放送局 / (朝鮮京城)
봉투제목(원문) 京城百卄景

219

분류 황금정 – 경성운동장
번호 그림8
사진제목(한글) 경성골프장 / 경성그라운드 / 경성방송국(JODK)
사진제목(원문) 京城ゴルフ場 / 京城放送局(JODK) / 京城グラウンド
[京城百景]
봉투제목(원문) 半島の首都 京城大觀

219

분류 황금정 – 경성운동장
번호 그림9
사진제목(한글) 한강의 스케이트 / 한강변의 발전소 / 경성그라운드
사진제목(원문) 漢江のスケート / 京城グラウンド
漢江畔發電所[京城百景]
봉투제목(원문) 半島の首都 京城大觀

220

분류 황금정 – 경성운동장
번호 그림10
사진제목(한글) 경성그라운드
사진제목(원문) 京城グラウンド / (朝鮮名所)
봉투제목(원문) 祝凱旋(京畿道 京城府)

220

분류 황금정 – 경성운동장
번호 그림11
사진제목(한글) 경성그라운드
사진제목(원문) 京城 グラウンド / (朝鮮名所)
봉투제목(원문) –

221

분류 황금정 – 경성운동장
번호 그림12
사진제목(한글) 경성그라운드
사진제목(원문) 京城グラウンド / (朝鮮名所)
봉투제목(원문) –

221

분류 황금정 – 경성운동장
번호 그림13
사진제목(한글) 경성그라운드
사진제목(원문) 京城グラウンド / (朝鮮名所)
봉투제목(원문) –

222

분류 황금정 – 경성운동장
번호 그림14
사진제목(한글) 한강의 스케이트 / 한강변의 발전소 / 경성그라운드
사진제목(원문) 京城百景
봉투제목(원문) –

223

분류 황금정 – 경성운동장
번호 그림15
사진제목(한글) 경성골프장 / 경성그라운드 / 경성방송국(JODK)
사진제목(원문) 京城百景
봉투제목(원문) –

223

분류 황금정 – 경성운동장
번호 그림16
사진제목(한글) 남산에서 바라보는 시가지 전경 / 경성그라운드
경성방송국(JODK)
사진제목(원문) 南山ヨリ望ム市街全景 / 京城グラウンド
京城放送局(JODK) / (京城百景)
봉투제목(원문) –

224

분류 황금정 – 경성운동장
번호 그림17
사진제목(한글) 남산에서 바라보는 시가지 전경 / 경성그라운드
경성방송국(JODK)
사진제목(원문) 南山ヨリ望ム市街全景 / 京城放送局(JODK)
京城グラウンド / [京城百景]
봉투제목(원문) –

225

분류 황금정 – 경성운동장
번호 그림18
사진제목(한글) 완비된 경성그라운드의 위관
사진제목(원문) 完備せる京城グラウンドの偉観 / (京城)
봉투제목(원문) –

226

분류 황금정 – 경성운동장

번호 그림19

사진제목(한글) 날씨도 안성맞춤

사진제목(원문) 日和うれしく

봉투제목(원문) –

227

분류 황금정 – 경성운동장

번호 그림20

사진제목(한글) 날씨도 안성맞춤

사진제목(원문) 日和うれしく

봉투제목(원문) –

237

분류 명치정 – 명치좌

번호 그림1

사진제목(한글) 명랑한 모습을

사진제목(원문) 明朗な姿を

봉투제목(원문) –

238

분류 명치정 – 명치좌

번호 그림2

사진제목(한글) 명치좌

사진제목(원문) 明治座

봉투제목(원문) –

240

분류 명치정 – 명치좌

번호 그림3

사진제목(한글) 명치좌

사진제목(원문) 明治座の■■■ / (京城全集)

봉투제목(원문) –

241

분류 명치정 – 명치좌

번호 그림4

사진제목(한글) 문화건축의 명장(明粧)을 응축한 명치좌

사진제목(원문) 文化建築の明粧を凝らせる明治座 / [京城名所]

봉투제목(원문) –

244

분류 명치정 – 조지아 백화점
번호 그림1
사진제목(한글) 조지아 / 미쓰코시 / 미나카이
사진제목(원문) 丁字屋 / 三越 / 三中井 / (朝鮮京城)
봉투제목(원문) 京城百卄景

245

분류 명치정 – 조지아 백화점
번호 그림2
사진제목(한글) 고객의 발길이 머무는 조지아 백화점
사진제목(원문) 顧客踵を接する丁字屋百貨店 / (京城)
봉투제목(원문) –

246

분류 명치정 – 조지아 백화점
번호 그림3
사진제목(한글) 장관을 자랑하다
사진제목(원문) 丁字屋デパート / 京城
봉투제목(원문) –

247

분류 명치정 – 조지아 백화점
번호 그림4
사진제목(한글) 장관을 자랑하다
사진제목(원문) 丁字屋デパート / 京城 ·
봉투제목(원문) –

248

분류 명치정 – 조지아 백화점
번호 그림5
사진제목(한글) 백화의 전당
사진제목(원문) 丁字屋百貨店 / 京城
봉투제목(원문) –

249

분류 명치정 – 조지아 백화점
번호 그림6
사진제목(한글) 백화의 전당
사진제목(원문) 丁字屋百貨店 / 京城
봉투제목(원문) –

254

분류 명치정 – 프랑스교회
번호 그림1
사진제목(한글) YMCA / 프랑스교회당
사진제목(원문) Y.M.C.A. / フランス敎會堂 / (京城百景)
봉투제목(원문) 京城大觀

255

분류 명치정 – 프랑스교회
번호 그림2
사진제목(한글) YMCA / 프랑스교회당
사진제목(원문) Y.M.C.A. / フランス敎會堂 / (京城百景)
봉투제목(원문) 京城百景

256

분류 명치정 – 프랑스교회
번호 그림3
사진제목(한글) YMCA / 프랑스교회당
사진제목(원문) フランス敎會堂 / Y.M.C.A. / (京城百景)
봉투제목(원문) 京城百景

256

분류 명치정 – 프랑스교회
번호 그림4
사진제목(한글) YMCA / 프랑스교회당
사진제목(원문) フランス敎會堂. / YMCA / (京城百景)
봉투제목(원문) 京城百景

257

분류 명치정 – 프랑스교회
번호 그림5
사진제목(한글) YMCA 중앙기독교청년회 / 일본적십자사 조선본부
프랑스교회당
사진제목(원문) YMCA中央基督敎靑年會
日本赤十字社朝鮮本部 / フランス敎會 / (朝鮮京城)
봉투제목(원문) 京城百卄景

258

분류 명치정 – 프랑스교회
번호 그림6
사진제목(한글) YMCA / 프랑스교회당
사진제목(원문) フランス敎會堂 / Y.M.C.A. / (京城百景)
봉투제목(원문) 半島の首都 京城大觀

259

분류 명치정 – 프랑스교회
번호 그림7
사진제목(한글) YMCA / 프랑스교회당
사진제목(원문) Y.M.C.A. / フランス教會堂 / (京城百景)
봉투제목(원문) –

260

분류 명치정 – 프랑스교회
번호 그림8
사진제목(한글) YMCA / 프랑스교회당
사진제목(원문) フランス教會堂 / Y.M.C.A. / (京城百景)
봉투제목(원문) –

261

분류 명치정 – 프랑스교회
번호 그림9
사진제목(한글) YMCA / 프랑스교회당
사진제목(원문) 京城百景
봉투제목(원문) –

262

분류 명치정 – 프랑스교회
번호 그림10
사진제목(한글) 종소리가 경성 전체에 들리는 프랑스교회
사진제목(원문) 鐘響全府に傳ふ佛蘭西教會 / (京城)
봉투제목(원문) –

263

분류 명치정 – 프랑스교회
번호 그림11
사진제목(한글) 종소리가 경성 전체에 들리는 프랑스교회
사진제목(원문) 鐘響全府に傳ふ佛蘭西教會 / (京城)
봉투제목(원문) –

263

분류 명치정 – 프랑스교회
번호 그림12
사진제목(한글) 종소리가 경성 전체에 들리는 프랑스교회
사진제목(원문) 鐘響全府に傳ふ佛蘭西教會 / (京城)
봉투제목(원문) –

272

분류 장곡천정 – 조선호텔
번호 그림1
사진제목(한글) 조선호텔 / 조선호텔 정원의 일부
사진제목(원문) 朝鮮ホテル / 朝鮮ホテル庭園の一部 / [京城百景]
봉투제목(원문) 京城大觀

274

분류 장곡천정 – 조선호텔
번호 그림4
사진제목(한글) 각국의 귀빈들이 모여드는 조선호텔
사진제목(원문) 貴賓集る朝鮮ホテル / (京城名所)
봉투제목(원문) 京城名勝繪葉書(1)

273

분류 장곡천정 – 조선호텔
번호 그림2
사진제목(한글) 조선호텔 / 조선호텔 정원의 일부
사진제목(원문) 朝鮮ホテル / 朝鮮ホテル庭園ノ一部 / [京城百景]
봉투제목(원문) 京城名所百景

275

분류 장곡천정 – 조선호텔
번호 그림5
사진제목(한글) 경성 조선호텔
사진제목(원문) 京城朝鮮ホテル / (朝鮮名所)
봉투제목(원문) 京城名勝繪葉書(2)

273

분류 장곡천정 – 조선호텔
번호 그림3
사진제목(한글) 경성 조선호텔
사진제목(원문) 京城朝鮮ホテル / (朝鮮名所)
봉투제목(원문) 京城名勝繪葉書 三十二枚組

276

분류 장곡천정 – 조선호텔
번호 그림6
사진제목(한글) 조선호텔 / 조선호텔 정원의 일부
사진제목(원문) 朝鮮ホテル庭園ノ一部 朝鮮ホテル / [京城百景]
봉투제목(원문) 京城百景

277

분류 장곡천정 – 조선호텔
번호 그림7
사진제목(한글) 조선호텔 / 조선호텔 정원의 일부
사진제목(원문) 朝鮮ホテル庭園ノ一部 / 朝鮮ホテル / [京城百景]
봉투제목(원문) 京城百景

278

분류 장곡천정 – 조선호텔
번호 그림8
사진제목(한글) 조선호텔 / 조선호텔 정원의 일부
사진제목(원문) 朝鮮ホテル / 朝鮮ホテル庭園ノ一部 / (朝鮮京城)
봉투제목(원문) 京城百卄景 –

279

분류 장곡천정 – 조선호텔
번호 그림9
사진제목(한글) 조선호텔 / 조선호텔 정원의 일부
사진제목(원문) 各國の貴賓集る朝鮮ホテル / (京城)
봉투제목(원문) 由緖ある 京城の名勝 第二集 二色刷

280

분류 장곡천정 – 조선호텔
번호 그림10
사진제목(한글) 각국의 귀빈들이 모여드는 조선호텔
사진제목(원문) 京城朝鮮ホテル / (朝鮮名所)
봉투제목(원문) 朝鮮京城名所繪葉書 / (京城 日之出發行)

281

분류 장곡천정 – 조선호텔
번호 그림11
사진제목(한글) 경성 조선호텔
사진제목(원문) 京城朝鮮ホテル / (朝鮮名所)
봉투제목(원문) 朝鮮京城名所繪葉書 / (京城 日之出發行)

282

분류 장곡천정 – 조선호텔
번호 그림12
사진제목(한글) 경성 시가의 중앙(웅장한 양관(洋館)은 우편국, 조선은행, 철도호텔, 경성일보사)
사진제목(원문) 京城市街の中央(大ナル洋館ハ郵便局, 朝鮮銀行, 鐵道ホテル, 京城日報社)(京111) / (朝鮮名所)
봉투제목(원문) 進呈

283

분류 장곡천정 – 조선호텔
번호 그림13
사진제목(한글) 경성 조선호텔
사진제목(원문) 京城朝鮮ホテル / (朝鮮名所)
봉투제목(원문) 最新式二色版 朝鮮京城名所繪葉書

284

분류 장곡천정 – 조선호텔
번호 그림16
사진제목(한글) 각국의 귀빈들이 모여드는 조선호텔
사진제목(원문) 各國の貴賓集る朝鮮ホテル / (京城)
봉투제목(원문) –

283

분류 장곡천정 – 조선호텔
번호 그림14
사진제목(한글) 각국의 귀빈들이 모여드는 조선호텔
사진제목(원문) 各國の貴賓集る朝鮮ホテル / (京城)
봉투제목(원문) –

285

분류 장곡천정 – 조선호텔
번호 그림17
사진제목(한글) 조선호텔 / 조선호텔 정원의 일부
사진제목(원문) 京城百景
봉투제목(원문) –

284

분류 장곡천정 – 조선호텔
번호 그림15
사진제목(한글) 각국의 귀빈들이 모여드는 조선호텔
사진제목(원문) 各國の貴賓集る朝鮮ホテル / (京城)
봉투제목(원문) –

285

분류 장곡천정 – 조선호텔
번호 그림18
사진제목(한글) 경성 조선호텔
사진제목(원문) 京城朝鮮ホテル
봉투제목(원문) –

286

분류 장곡천정 – 조선호텔

번호 그림19

사진제목(한글) 조선총독부 시정 4주년 기념 경성 조선호텔(철도국 국영) 진남포 축항 계선벽

사진제목(원문) 京城朝鮮ホテル(鐵道局 局營), 鎭南浦築港繫船壁(朝鮮總督府始政四年記念)

봉투제목(원문) –

287

분류 장곡천정 – 조선호텔

번호 그림20

사진제목(한글) 경성 조선호텔

사진제목(원문) 京城朝鮮ホテル / (朝鮮名所)

봉투제목(원문) –

287

분류 장곡천정 – 조선호텔

번호 그림21

사진제목(한글) 경성 조선호텔

사진제목(원문) 京城朝鮮ホテル / (朝鮮名所)

봉투제목(원문) –

288

분류 장곡천정 – 조선호텔

번호 그림22

사진제목(한글) 경성 조선호텔

사진제목(원문) 京城朝鮮ホテル / (朝鮮名所)

봉투제목(원문) –

289

분류 장곡천정 – 조선호텔

번호 그림23

사진제목(한글) 경성 조선호텔

사진제목(원문) 京城朝鮮ホテル / (朝鮮名所)

봉투제목(원문) –

290

분류 장곡천정 – 조선호텔

번호 그림24

사진제목(한글) 경성 조선철도국호텔

사진제목(원문) 京城朝鮮鐵道ホテル / (朝鮮名所)

봉투제목(원문) –

292

분류 장곡천정 – 조선호텔
번호 그림25
사진제목(한글) 근대적인 색채가 현란한 조선호텔의 모습
사진제목(원문) 近代色絢爛たる朝鮮ホテルの風姿 / [京城全集]
봉투제목(원문) –

293

분류 장곡천정 – 조선호텔
번호 그림26
사진제목(한글) 근대적인 색채가 현란한 조선호텔의 모습
사진제목(원문) 近代色絢爛たる朝鮮ホテルの風姿 / [京城全集]
봉투제목(원문) –

294

분류 장곡천정 – 조선호텔
번호 그림27
사진제목(한글) 우이동의 벚꽃 / 경성 조선호텔
사진제목(원문) 牛耳洞の櫻花 / 京城朝鮮ホテル
봉투제목(원문) –

295

분류 장곡천정 – 조선호텔
번호 그림28
사진제목(한글) 경성 조선호텔 철도국 직영
사진제목(원문) 朝鮮ホテル 鐵道局直營 / 京城
봉투제목(원문) –

296

분류 장곡천정 – 조선호텔
번호 그림29
사진제목(한글) 조선호텔 / 조선호텔 정원의 일부
사진제목(원문) 朝鮮ホテル / 朝鮮ホテル庭園ノ一部 / [京城百景]
봉투제목(원문) –

297

분류 장곡천정 – 조선호텔
번호 그림30
사진제목(한글) 조선호텔 / 조선호텔 정원의 일부
사진제목(원문) 朝鮮ホテル庭園ノ一部 / 朝鮮ホテル / (京城百景)
봉투제목(원문) –

301

분류 장곡천정 – 경성상업회의소
번호 그림1
사진제목(한글) 경성상업회의소
사진제목(원문) 商業會議所 / (京城)
봉투제목(원문) –

303

분류 장곡천정 – 경성상업회의소
번호 그림2
사진제목(한글) 경성상업회의소
사진제목(원문) 商業會議所 / (京城)
봉투제목(원문) –

315

분류 정동 – 경성방송국
번호 그림1
사진제목(한글) 경성골프장 / 경성그라운드 / 경성방송국(JODK)
사진제목(원문) 京城ゴルフ場 / 京城放送局 / 京城グラウンド (京城百景)
봉투제목(원문) 京城大觀

315

분류 정동 – 경성방송국
번호 그림2
사진제목(한글) 남산에서 조망한 시가 전경 / 경성그라운드 경성방송국(JODK)
사진제목(원문) 南山ヨリ望ム市街全景 / 京城放送局 / 京城グラウンド (京城百景)
봉투제목(원문) 京城名所百景

316

분류 정동 – 경성방송국
번호 그림3
사진제목(한글) 남산에서 조망한 시가 전경 / 경성그라운드 경성방송국(JODK)
사진제목(원문) 南山ヨリ望ム市街全景 / 京城グラウンド 京城放送局(JODK) / (京城百景)
봉투제목(원문) 京城百景

316

분류 정동 – 경성방송국
번호 그림4
사진제목(한글) 남산에서 조망한 시가 전경 / 경성그라운드 경성방송국(JODK)
사진제목(원문) 南山ヨリ望ム市街全景 / 京城放送局(JODK) 京城グラウンド / (京城百景)
봉투제목(원문) 京城百景

317

분류 정동 – 경성방송국
번호 그림5
사진제목(한글) 경성측후소 / 경성그라운드 / 경성방송국 / 경성수영장
사진제목(원문) 京城測候所 / 京城プール / 京城グラウンド / 京城放送局 / (朝鮮京城)
봉투제목(원문) 京城百卄景

319

분류 정동 – 경성방송국
번호 그림8
사진제목(한글) 남산에서 조망한 시가 전경 / 경성그라운드 경성방송국(JODK)
사진제목(원문) 南山ヨリ望ム市街全景 / 京城グラウンド 京城放送局(JODK) / (京城百景)
봉투제목(원문) –

318

분류 정동 – 경성방송국
번호 그림6
사진제목(한글) 경성골프장 / 경성그라운드 / 경성방송국(JODK)
사진제목(원문) 京城ゴルフ場, 京城放送局(JODK) / 京城グラウンド (京城百景)
봉투제목(원문) 半島の首都 京城大觀

320

분류 정동 – 경성방송국
번호 그림9
사진제목(한글) 남산에서 조망한 시가 전경 / 경성그라운드 경성방송국(JODK)
사진제목(원문) 南山ヨリ望ム市街全景 / 京城放送局(JODK) 京城グラウンド / (京城百景)
봉투제목(원문) –

318

분류 정동 – 경성방송국
번호 그림7
사진제목(한글) 경성골프장 / 경성그라운드 / 경성방송국(JODK)
사진제목(원문) 京城百景
봉투제목(원문) –

325

분류 정동 – 경성재판소
번호 그림1
사진제목(한글) 경성주식현물취인소 / 동양척식회사 경성지점 경성재판소 / 철도국
사진제목(원문) 京城株式現物取引所 / 東洋拓殖會社京城支店 京城裁判所 / 鐵道局 / (朝鮮京城)
봉투제목(원문) 京城百卄景

326

분류 정동 – 경성재판소

번호 그림2

사진제목(한글) 재판소를 바라보다

사진제목(원문) 裁判所を望む

봉투제목(원문) –

참고문헌

《改造》

京城醫學專門學校,《朝鮮總督府京城醫學專門學校一覽》, 1940.

京城商工會議所,《京城商工會議所二十五年史》, 1941.

건설교통부 국토지리정보원,《한국의 山誌》, 2007.

고승제,《한국금융사연구》, 일조각, 1970.

권창규,《상품의 시대》, 민음사, 2014.

김도형,《순성의 즐거움》, 효형출판, 2010.

김용복,《한국민중과 기독교》, 형성사, 1984.

김홍운,《한국관광지리》, 형설출판사, 1985.

대한상공회의소,《상공회의소 90년사》 상, 1976.

조기준,《한국기업가사》, 박영사, 1973.

문영빈,《창경궁》, 대원사, 1991.

서울특별시 시사편찬위원회,《서울육백년사 문화사적편》, 1987.

서울특별시 시사편찬위원회,《서울의 문화재》 1, 2011.

손인수,《한국근대교육사: 1885-1945》, 연세대학교출판부, 1971.

윤석범 외,《한국근대금융사연구》, 세경사, 1996.

윤장섭,《한국건축사》, 동명사, 1973.

이각규,《한국의 근대박람회》, 커뮤니케이션북스, 2010.

이충우,《경성제국대학》, 다락원, 1980.

조흥은행,《조흥은행백년사》, 1997.

김경재, 〈문화이념사에서 본 한국 YMCA의 회고와 과제〉,《한국 YMCA 이념추구 VII 열린교회로서의 YMCA》(제8회 한국 YMCA목적과 사업연구회 보고서), 1982.

김나라, 〈1929년 조선박람회 경성협찬회 연구〉, 연세대학교 석사학위논문, 2016.

김명수, 〈1920년대 한성은행의 정리와 조선인 CEO 한상용의 몰락〉,《역사문제연구》 16-1, 2012.

김명수, 〈대한제국기 일본의 금융장악 기도와 일본 제일은행〉,《일본문화연구》 47, 2013.

김윤곤, 〈이조 후기에 있어서의 성균관의 변천과 개혁〉,《대동문화연구》 6·7, 1970.

나각순, 〈서울 한양도성의 기능과 방위체제〉,《향토서울》 80, 2012.

민병하, 〈고려시대에 있어서의 성균관의 성립과 변천〉,《대동문화연구》 6·7, 1970.

신석호, 〈이조 초기의 성균관의 정비와 그 실태〉,《대동문화연구》 6·7, 1970.

이성무, 〈선초의 성균관연구〉, 《역사학보》 35·36, 1967.

정소영, 〈1923년 조선부업품공진회의 개최와 영향〉, 《숭실사학》 38, 2017.

通堂あゆみ, 〈京城帝国大学の基礎的研究: 日本統治下朝鮮における帝国大学の制度・組織とその展開〉, 東京大学 博士論文, 2017.

李泰文, 〈1915年「朝鮮物産共進会」の構成と内容〉, 《日吉紀要言語·文化·コミュニケ　ション》 30, 2003.

조선왕조실록(silok.history.go.kr)

국가기록원 일제시기 학교건축도면 콘텐츠(theme.archives.go.kr)

국가기록원 고적 관사 사법 행형 등 일제시기 건축도면 콘텐츠(theme.archives.go.kr)

국가유산청 국가유산포털(heritage.go.kr)

서울대학교 의학박물관(medicalmuseum.org)

서울시청(seoul.go.kr)

서울역사박물관(museum.seoul.go.kr)

국제일본문화연구센터 조선사진그림엽서 데이터베이스(kutsukake.nichibun.ac.jp)

집필자 및 감수자 소개

집필자

류상진 서울역사편찬원 전임연구원

〈전시체제기 조선 내 석유통제와 배급단체-서울지역을 중심으로-〉, 〈중일전쟁 이후 조선총독부의 대용연료차량 보급 정책과 운용〉, 〈1930년대 총독부의 석유정책과 조선 내 석유시장의 변화〉, 등의 논문이 있으며, 저서로는 〈일제강점기 경성부윤 자료집(공역)〉, 〈쉽게 읽는 서울사-일제강점기 편-(공저)〉, 〈청와대, 파란 기와집 역사 이야기(공저)〉 등이 있다.

※ 집필내역 : 제1~5장 개설

최인택 동아대학교 교수

〈일제시기 부산지역 일본인사회의 생활사〉, 〈일제침략기 사진그림엽서를 통해서 본 기생기억〉 등의 논문이 있으며, 저서로는《일본은 우리에게 무엇인가》,《오키나와 깊이 읽기》,《일제침략기 사진그림엽서로 본 제국주의의 프로파간다와 식민지 표상》(공저)등이 있다.

※ 집필내역 : 제1장 제1~4절

박진우 전 숙명여자대학교 교수

〈현대일본사회와 상징천황제〉, 〈천황제이데올로기와 식민지조선〉, 〈야스쿠니문제와 일본의 보수정치〉 등의 논문이 있으며, 저서로는《근대일본형성기의 국가와 민중》,《천황의 전쟁 책임》,《메이지천황》등이 있다.

※ 집필내역 : 제1장 제5~6절, 제2장 제1~3절, 제5장

서민교 동국대학교 대외교류연구원 책임연구원

〈청일전쟁기 이토 히로부미 내각의 조선에 대한 군사 외교정책〉, 〈일본의 침략전쟁에 대한 기억을 어떻게 볼 것인가〉, 〈일제강점기 용산기지의 군사전략적 기능에 대하여〉 등의 논문이 있으며, 저서로는《1910년대 일제의 무단통치》,《용과 사무라이의 결투》(공저)등이 있다.

※ 집필내역 : 제2장 제4~5절, 제3~4장

감수자

염복규 서울시립대학교 교수

서울시립대학교 국사학과 교수이며 서울학연구소 소장을 겸임하고 있다. 〈청계천 복개와 '1960년대적 공간'의 탄생〉, 〈경성시구개정사업 회고이십년에 재현된 1910~20년대 경성 도시화의 양상과 특징〉, 〈조선박람회 전시관 양식에 보이는 제국과 식민지, 수도와 지방〉, 〈영화 미몽과 1936년의 경성〉 등의 논문이 있으며, 저서로는 《서울의 기원 경성의 탄생》, 《일제강점기 경성부윤과 경성부회 연구》(공저), 《쉽게 읽는 서울사》(공저), 《서울 동의 역사》(공저) 등이 있다.

이미지로 읽는 근대 서울 3
도심 속의 일본인들과 그들만의 일상

발행인 서울역사편찬원장 이상배
발행처 서울역사편찬원(history.seoul.go.kr)
서울특별시 송파구 올림픽로 424 올림픽공원 내(전화 02-413-9622)
기획 · 편집 박명호(시사편찬과장), 김동하
발행일 2024년 9월 30일
판매가 20,000원
편집 · 인쇄 (주)에스앤에이커뮤니케이션즈(전화 031-955-1989)

발간등록번호 51-6113542-000110-01
ISBN 979-11-6071-193-6 (04910)
979-11-6071-145-5 (세트)